Come*fare*

John Peter
Sloan

ENGLISH
AL LAVORO

a cura di Sara Pedroni e John Rigg

MONDADORI

Graphic design & pictures: Sara Pedroni
The sound guy: Davide Perra

English al lavoro
di John Peter Sloan
Collezione Come*fare*

ISBN 978-88-04-62670-1

ENGLISH AL LAVORO

Questo libro è dedicato ai RAGAZZI di "UNKODE",
al loro impegno e alla loro voglia di ricominciare a lavorare
e a vivere nella legalità.

Un grazie speciale a due angeli di "Angel service", Rosy e Stefania.
www.unkode.it

This book is also for my mother.

(dovevo farlo, ragazzi, perché se non la menziono
anche stavolta si incazza sul serio)

Legenda

In questo libro troverai alcuni simboli.

Se accanto al titolo di un capitolo vedi il simbolo delle cuffie vuol dire che potrai trovare delle tracce audio relative agli argomenti business di quel capitolo su

www.librimondadori.it/english-al-lavoro-audio

Ascoltale dopo aver terminato la lettura del capitolo; sono un importantissimo approfondimento e potrai imparare meglio le lezioni.

Qua e là troverai il Maccheroni Alert. Si tratta di piccoli appunti grammaticali che sottolineano gli errori più frequenti che fate voi italiani quando parlate in inglese. Segui i miei consigli per non parlare un inglese maccheronico!

L'aeroplanino segnala la presenza di argomenti che saranno di tuo interesse se hai intenzione di trasferirti all'estero per lavoro.

And now let's go!

Contents

Introduction

**Ignorance isn't stupidity. Ignorance is not knowing.
Ignoring ignorance is stupidity.**

Tutti parlano della crisi, qui in Italia. Ma sai che nel 2013 ci sono 2 milioni di posti di lavoro disponibili in Europa? E sai per chi? Per chi conosce l'inglese. E non dico poi a chissà quale livello... Quanti di questi 2 milioni di posti andranno agli italiani?

L'inglese rimane una delle materie più trascurate della scuola italiana. Inoltre, nonostante il fatto che sia un passaporto per lavorare in tutto il mondo, non ci sono ancora programmi in inglese per i giovani italiani in televisione o in radio. E questo significa togliere opportunità di scelta, perché, senza inglese, un italiano che vorrebbe cercare lavoro altrove, dove va?

Ultimamente un noto giornalista italiano ha detto che i tedeschi e gli olandesi parlano meglio l'inglese perché è più vicino alla loro lingua nativa. Non è vero. La verità è che i loro bambini guardano la TV in inglese da quando hanno zero anni... semplice! Infatti la mia prossima missione sarà quella che considero più importante: aiutare i bambini italiani a imparare l'inglese. Perché insegnare ai vostri bambini adesso, vuol dire che quando saranno grandi come te, questo libro non servirà più.

Invece a te questo libro serve, se vuoi (o devi...) lavorare in inglese.
Magari sei un manager e devi fare presentations, conference calls, meetings ecc, o magari ti serve l'inglese per mandare e-mail o fare telefonate. Magari vuoi solo avere una nuova esperienza in un'altra realtà, o magari sei uno studente che vuole andare in Inghilterra per imparare la lingua (suggerisco fortemente Liverpool. Perché? Costa molto meno di Londra e non ci sono tanti italiani. Poi sono molto più accoglienti lì... Questa ovviamente è la mia opinione personale e per quanto sia vera, rimane sempre la mia semplice opinione). Insomma, se devi andare all'estero per lavare piatti o devi fare business con inglesi, americani o tedeschi...

Questo libro è un manuale di sopravvivenza. Tutto quello che considero indispensabile è qui dentro. Come sempre, ho aggiunto anche una storia. Perché? Perché così diventa più divertente, più leggero e così ti rimane in testa, my friend.

Ladies and gentlemen... **ENGLISH AL LAVORO.**

E siamo
in due!

PRIMI AMORI
(di andrea)
marpione!

marcus brutus
almeno io sono
migliorato!

dove hai
messo la
birra?

Festa della MAMMA ♥

la mia
prima notte
fuori
vuoi dire...
la tua prima
notte dentro!
non sono
stato io!

Le cose
stanno
migliorando

per una volta
ha ragione lui

Introducing yourself

Introductions

CHAPTER ONE

Introducing yourself

La famiglia Perra era tutta riunita in cucina.

Marco, il figlio maggiore, era in piedi e fissava il telefono appoggiato sul tavolo. Sua madre guardava fuori dalla finestra, assorta nei suoi pensieri.

Andrea, il fratello di Marco, annoiato dal silenzio decise di accendere la TV.

"Spegni subito!" gridò sua mamma. "Altrimenti rischiamo di non sentire il telefono!"

"Perché, secondo te lo chiamano?! Ma figurati..." disse Andrea. "Mica sono così disperat..."
DRRRRRRRIIIIIIIIIIIN

Il telefono stava squillando.

Marco alzò lo sguardo verso la madre ma lei continuava a guardare fuori dalla finestra, rifiutando di girarsi.

"Hello? Marco Perra speaking..."
Pronto? Sono Marco Perra...

"Ciao amore! Che fai?" Era Giusy, la ragazza di Marco.
"Non posso adesso..." rispose lui, irritato. "Ti chiamo dopo" e riagganciò.
"Era quello di Londra?!" sorrise Andrea.
DRRRRRRRIIIIIIIIIIIN

"Hello? Marco Perra speaking..."
Pronto? Sono Marco Perra...

"Good evening, Marco. This is Jason Brooks, Human Resources Manager at Rispa International. We met in Milan last month, remember?"
Buonasera, Marco. Sono Jason Brooks, direttore della Gestione Risorse Umane della Rispa International. Ci siamo incontrati a Milano il mese scorso, si ricorda?

"Yes of course! Good to hear from you again, Mr. Brooks."
Sì, certo! È un piacere risentirla, signor Brooks.

"Well, Marco. We'd like to confirm your appointment. You are now Rispa's new International Sales Manager!... Hello?... Marco?!"
Bene, Marco. Vorremmo confermare il nostro appuntamento. Lei è il nuovo direttore commerciale per l'estero della Rispa! ... Pronto? ... Marco?!

"Yes sir, I'm still here, sorry."
Sì, mi scusi, ci sono.

"Oh good, I thought we'd lost the line... So, when can you come to London?"
Oh bene, pensavo fosse caduta la linea... Allora, quando può venire a Londra?

"Just a moment..."
Un momento... disse Marco coprendo subito dopo la cornetta con la mano.

"Mi hanno preso!"
Andrea questa volta fece un sorriso ancora più grande. La loro mamma, senza girarsi, continuava a guardare fuori dalla finestra.

> **Ricorda:**
> **L'inglese è una lingua**
> **Una lingua serve per comunicare**
> **La semplicità migliora la comunicazione**
>
> **Simple!**

PRESENTAZIONI

Introductions

"Hi, this is John!"
Ciao, sono John!
Dico "This is John", cioè parlo in terza persona, perché non ti vedo.

Una conversazione al telefono, oggi:

> **"Hello, this is John speaking. Who is that?"**
> **"This is Concettina, your girlfriend."**
> (qui mi sono tappato il naso per mascherare la mia voce)
> **"Sorry, John is not in at the moment... this is John err... Smith!"**
> Poi sono tornato a guardarmi la partita...

Se invece mi presento di persona dico:
"Hi, I'm John."

Nota che non dico **"My name is John"** perché non ho cinque anni.

Ci sono molte occasioni in cui è necessario presentarsi: alla reception di un albergo o di una società, quando si inizia una conversazione telefonica o una e-mail, oppure quando si incontra qualcuno per la prima volta. Fortunatamente la formula utilizzata in tutte queste circostanze è sempre la stessa ed è molto semplice.

Prima di presentarti a qualcuno, decidi quali sono le informazioni più importanti e rilevanti che vuoi comunicare a quella persona. Deve conoscere il tuo nome, la tua età, il tuo lavoro, una descrizione di te, le tue esperienze o la tua nazionalità? Qual è il tuo obiettivo?
Ricorda: mantieni sempre il tuo linguaggio semplice e conciso.

Nella storia abbiamo un buon esempio di presentazione semplice e diretta:
"This is Jason Brooks, HRM at Rispa International."

Ecco altri esempi di presentazioni in ambito lavorativo:
"Hello. I'm Sam Cook from Saxo Corporation"
oppure **"Good morning. I'm Mary Ross, European Sales Manager at Sony International"**.

Vediamo come si presenta Marco in diverse situazioni.
Alla dogana in aeroporto:
"Hello. I'm Marco Perra from Italy. I'm here on business."
Alla reception di un albergo:
"Hello. I'm Marco Perra from Rispa International. I have booked a room..."

Prenotare:	**to book** – UK	
	to reserve – USA	
Prenotazione:	**booking** – UK	
	reservation – USA	

Agli uffici londinesi della Rispa International:
"Hello. I'm Marco Perra. I'm the new International Sales Manager from Italy. I have an appointment with..."

In italiano generalmente una persona per descrivere la propria posizione lavorativa usa termini come operaio, impiegato o manager... Nel mondo anglosassone ogni lavoro ha un titolo, quindi impara il nome esatto del lavoro che vorresti fare. Nel **TOOLKIT** alla fine del libro trovi un elenco che ti sarà molto utile!

Exercise

Scrivi le presentazioni di queste persone; ricordi la regola per quando usare **"This is..."** e quando usare **"I am..."**, vero?

On the telephone:
1. James Martin / Marketing Manager

2. Jane Smyth / CEO / Cosmo Cars Inc.

At a reception:
3. Daniel O'Brien / Photographer / Ireland

4. Alice Cook / Journalist / "New York Times"

5. Denise Chapman / Marketing Manager / General Insurance Services

Ora tocca a te! Presentati in maniera semplice e concisa.

A. On the phone:

B. At a reception:

What
a party!

CHAPTER TWO

What a party!

Marco non era mai stato così emozionato. Guardandosi attorno vedeva i suoi amici che chiacchieravano, bevevano e ballavano.

Guardò il grosso striscione che era appeso al muro: "Marco salutaci l'Inghilterra, la tua nuova casa! Ti vogliamo bene!".

Finalmente stava ricevendo la meritata ricompensa per le fatiche fatte al lavoro. Alla Rispa International era partito proprio da zero. All'inizio doveva solo occuparsi di preparare il caffè per tutti... ma adesso era diventato il nuovo direttore commerciale per l'estero e la sede centrale internazionale si trovava in Inghilterra.

Stava per iniziare una nuova vita a Londra e sentiva proprio di meritarselo.

Rise vedendo il suo fratellino Andrea, ubriaco, fare uno spogliarello in piedi sul tavolo.

Andrea non lavorava; non aveva un lavoro da molto tempo. Marco sorrise mentre lo guardava. "Andrea è uno spirito libero" pensò. "Andrea si diverte. È felice. Gli voglio bene."

E Giusy? Uscivano insieme ormai da un paio di mesi e le cose stavano andando proprio bene, ma lui ora doveva partire. Si sentiva sopraffatto dai sentimenti così andò sul balcone per stare un attimo da solo.

Alzando gli occhi al cielo illuminato dalla luna pensò: "Ti invidio, luna! Tu sei lì fissa, ma sei ovunque, puoi vedere tutto e tutti. Look after Giusy for me".

In quel momento sentì una voce soave e gentile alle sue spalle.

"Marco?"
Era Giusy.
"Ho bisogno di chiederti una cosa... è una cosa che devo sapere..."

"Aspetta!" disse Marco. "So cosa mi devi chiedere e ora ti rispondo."
Poi fece un respiro profondo.
"Mi dispiace Giusy, ma dovevo accettare questo lavoro e realisticamente non credo che la nostra storia possa continuare. Mi mancheresti troppo. Mi spiace."

Giusy lo guardò.

"In realtà volevo solo sapere dove tieni il cavatappi... ma adesso voglio solo morire."
Detto questo, se ne andò via.

Marco si girò di nuovo verso la luna. Un'altra voce.
"Marco?" questa volta era Rosa, sua madre.
"Non so dov'è il cavatappi!" gridò lui.
Sua madre lo guardò con un'aria molto seria.
"Marco, sono felice per la tua carriera ma tu hai un dovere nei confronti della nostra famiglia."
"Cosa intendi, mamma?" chiese Marco.
"Tuo fratello Andrea sta buttando via la sua vita qui in Italia. Voglio che lo porti con te in Inghilterra. Voglio che lo aiuti a trovare un lavoro a Londra."

Marco non riusciva a crederci. "Ma Andrea è un fannullone, pigro, ignorante... è uno sfigato, mamma!!!"
Sua madre rimase immobile.
"Lo porterai con te."

Marco guardò verso il cielo, fece un lungo respiro e con rabbia gridò alla luna.
"NOOOOOOOOOOOOO!!!"

Poco dopo la madre di Marco chiamò Andrea in cucina. Aveva una notizia da dargli. Sarebbe andato a Londra e lì avrebbe trovato un lavoro.

"Mi sembrava troppo bello per essere vero..." pensò Marco.

Improvvisamente si sentì un urlo provenire dalla cucina.
Era Andrea.
"NOOOOOOOOOOOOO!!!"

CV and covering letter

Writing a CV
Do & Don't
The covering letter
Finding a job online
Sending your CV

CV and covering letter

"Fammi vedere il tuo curriculum, Andrea."
Andrea guardò Marco come se fosse un pazzo. "Curriculum? Pensi che io abbia un CV?"
Marco tentò di restare calmo. "Ti faccio vedere il mio."
Accese il computer.

CURRICULUM VITAE

Marco Perra
Via Ruggero Boscovich 61 – 20124 Milan – Italy
Tel. +39 02 222222
Mobile +39 322 2222222

Nationality	Italian
Marital Status	Single
Sex	Male
Date of Birth	20/09/1984
E-mail	marco.perra@rispa.it
Personal Profile	A strong team player with good presentation skills. Good organisational skills developed through work experience. I **get on well** with people at all levels, easily creating good working relationships.

Work Experience 2003 to present
Rispa S.p.A., Bresso – Milan
Area Sales Manager: Northern Italy
   developed new sales team
   created after-sales network
   increased sales by 15% in first year
Previously held various positions at Rispa S.p.A. including
Sales Representative for Lombardia and Piemonte, Sales
Office Clerk and Warehouse Management Positions.

Skills Experience in **handling** all kinds of situations. Recognition
and promotion of my team and its skills. A good decision
maker: before making any decisions, I consider all the alternatives and form a clear idea of the consequences of
decisions. Ability to convince the customer that our interests are also their interests.

Education 1998 – 2003
High School specializing in Science "G. Galilei" – Milan
(Final grade: 98/100)

Languages Italian (native speaker)
English (writing: good – speaking: fluent)

Interests Team sports and highly competitive sports, such as rugby
and squash.

References: available on request.

I hereby give permission to use my personal data in accordance with the law.

CURRICULUM VITAE

Marco Perra
Via Ruggero Boscovich 61 – 20124 Milano – Italy
Tel. + 39 02 222222
Mobile +39 322 2222222

Nazionalità	Italiana
Stato civile	Celibe
Sesso	Maschile
Data di nascita	20/09/1984
E-mail	marco.perra@rispa.it
Profilo personale	Lavoro molto bene in squadra e ho buone capacità di presentazione. Grandi abilità organizzative sviluppate con l'esperienza professionale. Mi relaziono bene con le persone a tutti i livelli, creando facilmente buoni rapporti lavorativi.

Esperienza professionale	Dal 2003 a oggi
	Rispa S.p.A., Bresso – Milano
	Responsabile commerciale per il Nord Italia
	    sviluppo di nuovi gruppi di vendita
	    creazione di una rete post-vendita
	    incremento delle vendite del 15% nel primo anno
	Precedentemente ho ricoperto varie posizioni alla Rispa S.p.A., tra cui l'agente di commercio per Lombardia e Piemonte, impiegato all'ufficio vendite e posizioni di responsabile di magazzino.

Capacità e competenze	Sono in grado di gestire ogni tipo di situazione. Riconosco e promuovo le capacità del mio team. Sono un buon decision maker: prima di prendere qualsiasi decisione analizzo le alternative e ne prevedo chiaramente le conseguenze. Sono in grado di convincere i clienti che gli interessi dell'azienda sono anche i loro.

Istruzione e formazione	1998 – 2003 Liceo scientifico "G. Galilei" – Milano (Voto finale: 98/100)
Conoscenze linguistiche	Italiano (madrelingua) Inglese (scritto: buono – parlato: fluente)
Interessi personali	Amo i giochi di squadra e gli sport altamente competitivi, come rugby e squash.

Referenze: disponibili a richiesta.

Acconsento al trattamento dei miei dati personali ai sensi del D. lgs. 196/03.

"Vedi? La lunghezza è contenuta, perfetto! Il CV non deve essere troppo lungo se no la gente non avrà tempo o voglia di leggerlo. Ora, per preparare il tuo ti farò una serie di domande in inglese, ok?"

Andrea, mai meno entusiasta di così: "Ok...".

"What's your name?"

"Andrea."

"No!" disse Marco.

"No?!" chiese Andrea, un po' confuso.

"Andrea is a girl's name in the UK" spiegò Marco. "Let's eliminate the 'a' and put an 'o'."

"ONDREA?!"

"No, stupid! Andreo... What's your surname?"

"Perra."

"Ok, next... what's your address?"

Andreo rispose: "Ma come? Non sai dove abito?".

"OK, lo metto io" disse Marco. "What's your nationality?"

"Italian!!!" disse Andreo con molto orgoglio.

"Are you married?"

"Ma sei matto?!"

"Ok, ok... single." Marco scriveva e intanto continuava con le domande: "Sex?".

"Sì, ovvio!"

"Male" sospirò Marco.

"Perché hai scritto MALE? Sex: MALE?! Ma che male c'è?!"

Marco tentò di stare calmo.

"Si pronuncia 'meil' e vuol dire 'maschio'!" Marco rinunciò a fare altre domande e in silenzio compilò le parti relative alla data di nascita e all'indirizzo e-mail. Poi guardò Andreo aspettando di avere la sua attenzione.

"Now, Personal Profile: questo è importante. È il punto in cui devi saperti vendere, ma dipende dal lavoro che vuoi fare. Nel tuo Personal Profile devi spiegare perché sei tu la persona giusta per quel posto. Ma ricorda che è meglio dire sempre la verità nel CV. Se il tuo capo scopre che hai mentito, rischi di trovarti nei casini. So... what do you want to do?"

"Facile" disse Andreo "vorrei portare in macchina le top model alle loro sessioni fotografiche topless in spiaggia."

"Non fare lo stupido" gli rispose Marco.

"No, hai ragione, non posso guidare in Inghilterra... guidano dalla parte sbagliata della strada!... No, no lascia perdere. Le accompagno in autobus."

Marco sospirò di nuovo e chiese: "What job can you realistically do?".

Andreo rispose con un sorriso: "Be', I don't have no qualification, I am good with the people... I want work with the people".

Versione corretta: "Well, I have no qualifications but I am good with people... I want to work with people". - Be', non ho qualifiche, però ci so fare con la gente... voglio lavorare con altre persone.

 —— MACCHERONI ALERT! ——

Non si usa una doppia negazione e poi non si mette l'articolo davanti alla parola "people".

Marco scoppiò a ridere: "Work with the people? Hmmm... so, barman or waiter?".

"Yeah, barman or waiter for supermodels!" approvò Andreo.

"Forget about the supermodels!" brontolò Marco. "Let's write your Personal Profile... How would you describe yourself?"

"Ok, Andreo è uno in gamba."

"Va bene, sarebbe... Andreo is on the ball."

"Sulla palla?!"

"Sì, vuol dire 'in gamba'... dài, seriamente. Posso scrivere: 'Hard working, dynamic person with exceptional communication skills'. Poi?"

"Lavora bene e fa ridere tutti!" disse Andreo.

"Forse è meglio: 'Gets on well with people both socially and at work'" ribatté Marco.

"Gets on with?" chiese Andreo.

"Sì, to get on with vuol dire andare d'accordo" spiegò Marco.

Personal Profile

Hard working, dynamic person with exceptional communication skills. Gets on well with people both socially and at work. Always ready to learn and take on new responsibilities.

Profilo personale

Persona solerte e dinamica con eccezionali capacità comunicative. Buone capacità di relazionarsi con le persone sia nella vita sociale, sia al lavoro. Sempre pronto a imparare e ad assumere nuove responsabilità.

"Now... Education."

"Sono molto educato" disse Andreo.

"NO!" gridò Marco. "Education significa che scuole hai frequentato e qual è il tuo grado di istruzione."

"Be'... sono stato bocciato... che grado è?"

"... e le tue esperienze lavorative? What jobs have you done?"

"Niente..."

"Non possiamo non mettere niente... Hai mai fatto qualcosa?"

"Ho aiutato papà a sistemare la macchina" rispose Andreo.

"Mmmm... questo non è rilevante per un barman. Non hai mai lavorato in un bar o in un ristorante?"

"Lavoravo con la mia ex… Amanda. Le davo una mano con le pulizie e facevo qualche panino nel suo bar."

"Great! That's catering assistant."

"Ma non hai mica detto che non dovevamo mentire sul CV?"

"I'm not lying, I'm sexing up your CV."

"You're sexing…?"

"To sex up non è mentire. Vuol dire presentare le informazioni in modo creativo, attraente" spiegò Marco.

Marco era felice, finalmente stavano arrivando da qualche parte.

"And why did you leave?" Marco si pentì immediatamente di aver fatto questa domanda.

"Eh?! Oh… mi ha scoperto nel retro insieme a Maria Visconti."

"Così hai perso il lavoro?" chiese Marco.

"Sì… e anche due denti."

"Ok, abbiamo quasi finito. What about your hobbies?" chiese Marco guardando Andreo.

"Cioè?!"

"What do you like doing in your **ample** free time?"

"Posso evitare di scriverlo sul CV?"

"… vabbe', qualcos'altro?"

"Non mi viene in mente niente."

"Allora metterò che ti piace leggere."

"Aspetta! Nuotare! Mi piace nuotare!" esclamò Andreo.

"Nuotare? Ma è inutile… I baristi non hanno bisogno di nuotare. Scrivo che ti piace la lettura… almeno è qualcosa che denota l'uso del cervello!"

SCRIVERE IL CURRICULUM VITAE

Writing a CV

Innanzitutto evita un errore comune: come prima cosa in alto scrivi **Curriculum Vitae** e non solo "Curriculum", perché in inglese significa tutt'altro, cioè programma scolastico. Se stai preparando il tuo CV per inviarlo negli Stati Uniti, devi sapere che gli americani lo chiamano **Résumé**... (che è una parola francese... mah). Ricorda che il CV è il tuo biglietto da visita. Deve sottolineare le qualità che possiedi e far vedere perché tu sei la persona adatta per quel lavoro. Un direttore delle risorse umane non sprecherà mai il suo tempo a tentare di interpretare un CV scritto male: lo ignorerà e basta. Rendigli la vita più semplice! Enfatizza l'esperienza, le qualifiche e le competenze che fanno di te il candidato ideale per quell'impiego.

Ora vediamo cosa fare e cosa non fare, quando scrivi il CV.

COSA FARE E COSA EVITARE

Do & Don't

DO

BE CAREFUL – assicurati che i tuoi dati siano tutti corretti. Vorrai mica sbagliare a scrivere il tuo indirizzo o numero di telefono?

BE PERTINENT – metti in evidenza le capacità che c'entrano con il lavoro per cui ti stai candidando.

BE CLEVER – se alle spalle non hai esperienze lavorative rilevanti, enfatizza le tue qualifiche di studio (o viceversa). Metti la categoria più importante (istruzione o esperienza professionale) subito dopo il Personal Profile.

BE PRECISE – controlla l'ortografia! Altrimenti la tua candidatura andrà dritta nel cestino della spazzatura. Attento anche agli errori di battitura (typo) che non sono automaticamente segnalati come errori dai software di text editing.

BE HONEST – ricordati di dire sempre la verità; evita che delle scoperte imbarazzanti ti guastino la carriera in futuro! Sempre che le bugie non vengano scoperte prima che ti assumano. In quel caso non faresti nemmeno il colloquio. Tanta gente esagera le proprie capacità sul CV, ma un CV modesto e realistico potrebbe essere molto attraente agli occhi del datore di lavoro. Addirittura io aggiungevo al mio CV una riga su "Where I could improve", sottolineando anche un mio difetto personale (tra i mille che ho) su cui avrei potuto lavorare per migliorare.

REMEMBER – gli inglesi amano essere concisi, perciò mantieni la lunghezza del tuo CV entro una o massimo due pagine. Se fosse più lungo di così, c'è il pericolo che il direttore delle risorse umane non lo legga nemmeno!

36

DON'T

DON'T BE BORING – evita di fare l'elenco di ogni minimo pezzetto della tua istruzione o formazione lavorativa; il CV rischierebbe di diventare chilometrico e nessuno avrebbe voglia di leggerselo tutto. Quindi corri il rischio che le informazioni veramente importanti passino inosservate.

A volte io ricevo e-mail lunghissime e ti confesso che butto l'occhio su tre parole chiave... e vado oltre. È fondamentale, quando scrivi, pensare a chi deve leggere.

DON'T USE PHOTOS – non serve allegare la tua fotografia per una normale candidatura, a meno che non sia esplicitamente richiesto nell'annuncio. Questa ovviamente è una scelta personale, ma permettimi di esprimere la mia opinione: nella mia esperienza lavorativa ho notato che tante donne sono MOLTO competitive. Ho notato anche che molte persone negli uffici HR sono donne. Quindi se io fossi una donna carina e volessi lavorare in una ditta, non manderei una foto in cui sono davvero gnocca a un'altra donna (alla quale forse piace il collega che le sta davanti). Invece, se sei un uomo, corri lo stesso rischio... ma un po' meno, dài!

DON'T BOAST – rinuncia all'autocelebrazione con frasi tipo "I am the best." The English hate **big heads**!

DON'T BE FANCY – evita una formattazione grafica e di testo troppo colorata o esuberante. Don't be too loud. Almeno all'inizio trattieni la tua pazzia!

DON'T FORGET – non dimenticare di descrivere anche i tuoi hobby! Gli inglesi credono che gli interessi extralavorativi dicano molto sul carattere delle persone. Quindi aggiungi i tuoi hobby, specialmente gli sport (che possono dimostrare le tue attitudini di leadership o di partecipazione al gioco di squadra).

Exercise

Prendi qua e là tutti i pezzi che ti servono per comporre il tuo **Frankenstein CV**; scegli tra le frasi che seguono le più appropriate per descrivere il tuo profilo personale e professionale e trascrivile in questo form.
Personalizzalo e crea il tuo CV!

CURRICULUM VITAE

Via .... – .... – Italy
Tel. + 39 ....
Mobile +39 ....

Nationality ....
Marital Status ....
Sex ....
Date of Birth ....
E-mail ....

Personal Profile ....
....
....
....
....
....

Work Experience ....
....
....
....

Skills

Education

Languages

Interests

I hereby give permission to use my personal data in accordance with the law.

Marital Status
single, married, separated, divorced, widowed

Sex
male, female

Personal Profile
I go to great lengths to get the right results
I'm committed to...
Dedicated to...
I'm willing to travel
I come up with ideas to...
I enjoy working with...
Familiar with...
Creative
Motivated
I listen...
I get on well with people at all levels
Well-organized
I'm willing to go through any kind of training necessary...
Easily creating good working relationships
Strong team player
Experienced in...
Dynamic person
Hard working
Excellent communication skills
Punctual
Ready to learn

Poi, se vuoi seguire il mio consiglio di indicare anche qualcosa in cui potresti migliorare:
I could improve on my...
I should...

I should be more...
I would like to be more...
I need...

Work Experience
Elenca le tue esperienze lavorative iniziando dalla più recente; segna soltanto le informazioni più importanti, quelle che possono aiutarti a ottenere l'assunzione per il nuovo posto di lavoro.

Skills
Driving licence
Car owner
Basic / good / excellent knowledge of... software / operating system
Awards
Certificates

Education
Ricordati di indicare per primo il tuo ultimo titolo di studio, per poi andare indietro nel tempo. Ecco alcuni esempi di titoli di studio:
Lower Secondary School
Upper Secondary School
High School (US)
Comprehensive School (UK)
Academy of Music
University
Bachelor's Degree (3-year-course)
Master's Degree
Doctorate
Diploma
Degree
(with) Distinction

EXERCISE

Languages

Italian, English, French, German, Spanish, Chinese, Japanese, Russian, Portu-
guese, Swedish, Finnish, Norwegian
Writing, speaking
Native speaker, basic / elementary / intermediate / good / upper intermediate /
advanced / fluent
I can make basic phone calls in English
I can report basic / detailed information
I can answer the telephone in English
I can make a presentation in English
I'm still learning how to... in English (quando non sai ancora come fare)

Interests

reading, writing, painting, cooking, football, basketball, swimming, volleyball,
archery, handicraft, animals, photography

Trovi la traduzione di tutti i termini e le frasi che puoi usare nel **GLOSSARY** alla
fine del capitolo.

LA LETTERA DI ACCOMPAGNAMENTO

The covering letter

Oggi utilizziamo l'e-mail per inviare il CV e la **covering letter**. È molto importante scrivere con chiarezza l'oggetto dell'e-mail, altrimenti il CV e la covering letter potrebbero essere cancellati perché considerati spam.

Il formato di quest'ultima è identico a quello di una normale e-mail di lavoro. Scrivi la data e il nome del destinatario all'inizio della lettera.

Cerca di scoprire il nome dell'HRM o della persona che ha il compito di occuparsi delle assunzioni cosicché tu possa scrivere direttamente a loro. Usa il **title** giusto: se il direttore è un uomo, scrivi **"Mr."**, se invece è una donna scrivi **"Ms"** (che si può usare sia per le donne sposate, sia per le nubili). Ma se non conosci il nome della persona che leggerà l'e-mail, allora scrivi più genericamente **"Dear Sir or Madam"** oppure **"To whom it may concern"**.

Inizia la covering letter indicando qual è la posizione per cui stai facendo domanda e dove hai visto l'annuncio.

Poi presentati, indica le caratteristiche che fanno di te la persona adatta per quel lavoro e fornisci una breve descrizione delle tue esperienze più rilevanti. Infine, concludi ringraziando il destinatario per aver dedicato del tempo a leggere la tua candidatura... e a risponderti!

"Ok, adesso cerchiamo un lavoro" disse Marco. "Sai come si fa?"

"Ovvio! Saltiamo su un aereo e andiamo in Inghilterra!"

"Se vieni anche tu, dobbiamo trovarti un lavoro prima di partire... o almeno bisogna avere già qualche colloquio."

Marco si girò verso il computer e aprì il browser.

"È davvero semplice. Ci sono dei siti specializzati nel mercato del lavoro. Di solito usi Google per cercare le cose su Internet, giusto? Bene, questi siti sono proprio come Google, però come risultato ti danno un elenco di posti di lavoro disponibili.

Ci sono tantissimi siti di questo tipo; per esempio www.iwannajob-now.com!"

Marco mostrò ad Andreo il sito.

"Vedi? C'è una casella di testo in cui scrivere una keyword, cioè una parola chiave. Lì inserisci il lavoro che stai cercando – nel tuo caso barman – e poi la località – London. Ecco fatto. Ora premi il pulsante 'Search'."

"Cos'è 'sta roba? Cleaner... non è un barman! Fai provare a me."

Andreo prese la tastiera e digitò le sue parole chiave: "Chauffeur, supermodels, beach, topless" aspettando i risultati con ansia.

```
      JOB SEARCH RESULTS

1. ROXY CHAFFEUR COMPANY
DRIVER WANTED TO TAKE YOUNG
SUPERMODELS TO VARIOUS BEACHES.
SALARY £200,000 PER YEAR.
YOUNG OVER-SEXED ITALIAN MALES
NEED NOT APPLY!
```

"Allora... cosa faccio, Marco?"

"... allora scrivi '**bar** staff', 'bar person', 'pubs'... proviamo con 'bar staff'!" rispose Marco. "Ecco, trovato!"

Ora avevano una lista di possibilità tra cui scegliere.

```
      JOB SEARCH RESULTS

1. BAR STAFF WANTED FOR EVENTS IN LONDON
FASTRECRUIT - UK
£18,000-£23,000

2. CRUISE SHIP BAR & RESTAURANT STAFF
SEA EMPLOYMENT SOLUTIONS

3. RESIDENTIAL SERVICE MANAGER
OLD TIMES STAFFING LTD.
£27,000-£28,000

4. BAR STAFF WANTED
THE SUNSHINE INN, PICCADILLY
```

WORKING ABROAD

TROVARE UN LAVORO IN INTERNET

Finding a job online

Qualunque sia il tipo di lavoro che stai cercando, ci sono un sacco di posti in cui puoi effettuare la tua ricerca. Eccoti alcuni esempi dei tanti siti che Internet ti può offrire:

Indeed

SimplyHired

Gumtree

Ci sono anche agenzie di placement per ogni settore professionale. Queste offrono opportunità più specifiche per chi è laureato o per chi ha già esperienza, come la multinazionale leader mondiale nelle workforce solutions:

www.manpowergroup.it

Il loro sito è impostato più o meno così:

Anche i giornali britannici offrono una buona opportunità per trovare dei posti di lavoro disponibili. Ci sono versioni online con le sezioni degli annunci di offerte/ricerche di lavoro. Puoi farti pubblicità pubblicando il tuo CV online. Nelle ricerche otterrai i risultati migliori dai giornali che pubblicano edizioni locali, come ad esempio alcuni di Londra:

Evening Standard
Metro
TNT Magazine

INVIARE IL CV

Sending your CV

Andreo stava esaminando attentamente i risultati quando ne indicò uno.

"Questo sembra interessante! The Sunshine Inn, in Piccadilly."

"Ok, c'è l'indirizzo e-mail."

"Quindi adesso gli mando il mio CV!" Andreo era esaltatissimo!

"Non così in fretta, fratello. Non puoi mica mandare SOLO il CV. Devi anche scrivere una covering letter."

"E che cos'è?!"

"È un'e-mail nella quale dici per quale lavoro ti stai candidando e poi spieghi brevemente chi sei e perché dovrebbero tenerti in considerazione per quel posto. Vuoi che dedichino del tempo a leggere il tuo CV, giusto?!"

"Ho capito, ma perché la chiamano 'covering letter' quando NON è una lettera... che copre?"

"Perché prima di Internet, la gente scriveva lettere. Con carta e penna. E poi le mettevano nelle buste. E poi mettevano il francobollo. E poi andavano a piedi fino alla posta..."

"Ma in che film l'hai visto?!"

"Comunque, il CV una volta si mandava via posta e c'era sempre una lettera che lo copriva, lo accompagnava insomma, con un messaggio di presentazione" spiegò Marco.

"Adesso la maggior parte dei CV si manda via e-mail, però il termine 'covering letter' è rimasto."

"Quindi?" chiese Andreo.

"Quindi... prima devi leggere l'annuncio molto attentamente. Che caratteristiche stanno cercando? Qua dicono che vorrebbero qualcuno dinamico e che si vesta bene, quindi scriveremo..."

Subject: Application for The Sunshine Inn bar staff vacancy

12/02/2013
The Sunshine Inn
11 Warwick St
London W1B 5NF

Dear Sir or Madam,
I am writing to you about your advertisement on www.iwannajob-now.com for bar staff.

I have worked in bars before and enjoyed it very much. I plan to move to England in the near future and would love to take the opportunity you are offering.
I am a dynamic and presentable person who gets on well with everyone.
My mother tongue is Italian, but I am improving my English and I learn quickly.
I am willing to come to London for an interview whenever is **convenient** for you. Thank you for taking the time to read this letter, and I hope to hear from you soon.

Best regards

Andreo Perra
Via Ruggero Boscovich 61 – 20124 Milan MI – Italy
E-mail andreo.perra@libero.it
Tel. + 39 02 222222
Mobile +39 333 3333333

GLOSSARY

TO GET ON WELL WITH (SOMEONE) – *Phrasal verb* che significa "andare d'accordo con (qualcuno)"

HANDLING – Deriva dalla parola *hand*, che significa "mano"; quindi questo verbo indica la capacità di maneggiare, cioè gestire, qualcosa

AMPLE – Abbondante, più che sufficiente

BIG HEAD – Tipo / persona pieno/a di sé, che si è montato la testa

FANCY – Stravagante

I'M WILLING TO – Sono disponibile a...

NEED NOT APPLY – Astenersi

BAR – Attenzione, è un false friend! Il bar, per come viene inteso in Italia, in inglese si dice "café". Per "bar" si intende il bancone

HIRED – Assunto, ingaggiato

MANPOWER – Manodopera, forza lavoro

CONVENIENT – Comodo. Attenzione, è un false friend! Conveniente, nel senso di economicamente vantaggioso, si dice invece "cheap"

CV glossary

MARITAL STATUS – Stato civile

SINGLE – Celibe / Nubile

MARRIED – Coniugato/a

SEPARATED – Separato/a

DIVORCED – Divorziato/a

WIDOWED – Vedovo/a

SEX – Sesso

MALE – Maschile

FEMALE – Femminile

PERSONAL PROFILE – Profilo personale

I GO TO GREAT LENGTHS TO GET THE RIGHT RESULTS – Faccio tutto il possibile per ottenere i risultati giusti

I'M COMMITTED TO... – Mi impegno in...

GLOSSARY

DEDICATED TO... – Mi dedico a...

I'M WILLING TO TRAVEL – Sono disponibile a viaggiare

I COME UP WITH IDEAS TO... – Mi faccio venire in mente idee per...

I ENJOY WORKING WITH... – Mi piace lavorare con...

FAMILIAR WITH... – Ho familiarità con...

CREATIVE – Creativo/a

MOTIVATED – Motivato/a

I LISTEN... – Ascolto, do retta

I GET ON WELL WITH PEOPLE AT ALL LEVELS – Vado d'accordo con le persone a tutti i livelli

WELL-ORGANIZED – Ben organizzato

I'M WILLING TO GO THROUGH ANY KIND OF TRAINING NECESSARY...
Sono disponibile a effettuare ogni tipo di formazione necessaria...

EASILY CREATING GOOD WORKING RELATIONSHIPS – Creo facilmente buone relazioni sul lavoro

STRONG TEAM PLAYER – Spiccata attitudine al lavoro di squadra

EXPERIENCED IN... – Esperto in...

DYNAMIC PERSON – Persona dinamica

HARD WORKING – Solerte

EXCELLENT COMMUNICATION SKILLS – Eccellenti capacità comunicative

PUNCTUAL – Puntuale

READY TO LEARN – Pronto a imparare

I COULD IMPROVE ON MY... – Potrei migliorare in...

I SHOULD... – Dovrei...

I SHOULD BE MORE... – Dovrei essere più...

I WOULD LIKE TO BE MORE... – Vorrei essere più...

I NEED... – Ho bisogno di...

WORK EXPERIENCE – Esperienze lavorative

SKILLS – Capacità e competenze

DRIVING LICENCE – Patente di guida

CAR OWNER - In possesso di auto / Automunito

BASIC / GOOD / EXCELLENT KNOWLEDGE OF... SOFTWARE / OPERATING SYSTEM - Conoscenza base / buona / eccellente di... programma / sistema operativo

AWARDS - Riconoscimenti / Borse di studio

CERTIFICATES - Attestati

EDUCATION - Istruzione / Titoli di studio

LOWER SECONDARY SCHOOL - Scuola media

UPPER SECONDARY SCHOOL - Scuola superiore

HIGH SCHOOL (US) - Liceo

Per indicare le diverse tipologie di liceo che esistono in Italia, si può aggiungere questa specifica:

SPECIALIZING IN CLASSICAL STUDIES - Liceo classico

SPECIALIZING IN SCIENCE - Liceo scientifico

SPECIALIZING IN MODERN LANGUAGES - Liceo linguistico

SPECIALIZING IN ART (oppure **ART SCHOOL**) - Liceo artistico

SPECIALIZING IN TEACHING - Liceo sociopsicopedagogico

SPECIALIZING IN TECHNOLOGY - Liceo tecnologico

COMPREHENSIVE SCHOOL (UK) - Scuola paritaria (simile all'italiano Istituto Professionale)

ACADEMY OF MUSIC - Conservatorio

UNIVERSITY - Università

BACHELOR'S DEGREE (3-YEAR-COURSE) - Laurea di I livello

MASTER'S DEGREE - Laurea di II livello

DOCTORATE - Dottorato

DIPLOMA - Diploma di maturità

DEGREE - Laurea

(WITH) DISTINCTION - Con lode

LANGUAGES - Lingue conosciute

WRITING - Scritto

SPEAKING – Parlato

NATIVE SPEAKER – Madrelingua

BASIC – Base

ELEMENTARY – Elementare

INTERMEDIATE – Intermedio

GOOD – Buono

UPPER INTERMEDIATE – Sovra-intermedio

ADVANCED – Avanzato

FLUENT – Fluente

I CAN MAKE BASIC PHONE CALLS IN ENGLISH – So effettuare telefonate in un inglese base

I CAN REPORT BASIC / DETAILED INFORMATION – So riportare informazioni essenziali / dettagliate

I CAN ANSWER THE PHONE IN ENGLISH – So rispondere al telefono (ricevere telefonate) in inglese

I CAN MAKE A PRESENTATION IN ENGLISH – So fare una presentazione in inglese

I'M STILL LEARNING HOW TO... IN ENGLISH – Sto ancora imparando come... in inglese (quando non sai ancora come fare)

INTERESTS – Interessi personali

READING – Leggere

WRITING – Scrivere

PAINTING – Dipingere

COOKING – Cucinare

FOOTBALL – Calcio (Soccer US)

BASKETBALL – Pallacanestro

SWIMMING – Nuoto

VOLLEYBALL – Pallavolo

ARCHERY – Tiro con l'arco

HANDICRAFTS – Lavori, oggetti d'artigianato

ANIMALS – Animali

PHOTOGRAPHY – Fotografia

Interview techniques

Ordering food
Interview techniques
Do & Don't
Typical question examples

CHAPTER FOUR

Interview techniques

Marco e Andreo erano sull'aereo diretti in Inghilterra. Volevano pranzare, così Andreo cominciò a gesticolare per attirare l'attenzione della hostess.

"Ma piantala!" disse Marco. "Non è educato... aspetta che venga qui lei. Poi le devi solo dire: 'Excuse me! We'd like to order some food if possible. Could we have the menu, please?'."

"Lo dici tu, però..."

La hostess arrivò vicino a loro e Marco chiese il menu; poi, insieme, i due fratelli lo guardarono attentamente.

AIRLINES

MENU

Cottage **pie** and **chips**
Pie and chips
Fish and chips
Chips with chips
Chip sandwich with chips

Drinks
Sparkling water *
Still water *
Coffee *
Tea *
Beer *
Wine *

all drinks will be served with chips

ORDINARE DA MANGIARE
Ordering food

"Marco, che cos'è Cottage pie?"

"È carne trita ricoperta di patate" rispose Marco.

"Cibo inglese, bleah!" esclamò Andreo con aria disgustata.

"In realtà il Cottage pie è buono" disse Marco. "Ma un giorno dobbiamo andare a pranzo in un pub... è lì che si trova del buon cibo inglese! E una pinta di bitter!"

"E cos'è bitter? Come un amaro?"

"No, è la birra rossa inglese" spiegò Marco.

La hostess si avvicinò di nuovo. "Are you ready to order?" chiese.

Siete pronti per ordinare?

E Andreo: "Scusa?".

La hostess riprese: "What would you like with your chips?".

Cosa vorreste insieme alle patatine?

"Well, **I'll have** the cottage pie and a cup of tea, please." Marco sorrise e poi si girò verso il fratello.

Bene, prenderò il Cottage pie e una tazza di tè, per favore.

"Cottage pie."

"Would you like something to drink with that?" chiese lei.

Volete anche qualcosa da bere, insieme?

Andreo non sapeva cosa dire.

"He'll have a bottle of beer, thanks!" intervenne Marco, sorridendo nuovamente.

Prenderà una bottiglia di birra, grazie!

La hostess andò via.

"Perché hai detto 'I'll'? Quello non è il futuro, in inglese?"

"Yes!" rispose Marco. "Future Simple... 'I'll', cioè 'I will' si usa nel momento in cui decidi di fare una cosa. Ho deciso in quel momento di ordinare il cottage pie."

'Secchione!' pensò Andreo, ma Marco non aveva ancora finito...

"Quando ordini qualcosa da un menu, non dire soltanto il nome del piatto. Prima devi dire 'I'll have...' oppure 'I'd like...' Comunque, svelami il tuo segreto,

Andreo... Come hai fatto a ottenere questo colloquio di lavoro, eh?!"
"Semplice! Ho inviato il mio CV e poi abbiamo fissato l'appuntamento per il colloquio via e-mail" rispose lui. Marco sapeva che gli stava nascondendo qualcosa... glielo si leggeva in faccia.
"Hai cambiato qualcosa nel tuo curriculum, vero?"
"Può darsi..." mormorò Andreo. "Chi se lo ricorda?!"
"Salterà fuori, lo sai! Scopriranno la verità e tu non otterrai il lavoro. Uno spreco di tempo, per te ma soprattutto per ME!"
La hostess ritornò da loro col cibo che avevano ordinato.

TECNICHE DI COLLOQUIO
Interview techniques

Finito di mangiare, Marco passò il vassoio alla hostess e si girò verso Andreo.
La hostess, rivolgendosi ad Andreo, chiese: "Did you enjoy your **meal**, sir?".
Le è piaciuto il pasto, signore?
Andreo si girò verso Marco: "Dico la verità?".
"No!" rispose Marco.
"It is very good, thank you!" disse Andreo rivolto alla hostess.
Versione corretta:"It was very good, thank you!" – Era molto buono, grazie!

—— MACCHERONI ALERT! ——
La domanda è stata posta in Past Simple, mentre Andreo ha risposto usando il Present Simple. Bisogna sempre stare attenti a non sbagliare tempo verbale.

"Allora, cosa sai di questa società a cui hai mandato il CV?"
"È un albergo" rispose Andreo.
"E...?"
"E... boh..."

"Scopri se fa parte di una catena o se il proprietario è un privato. Sai quante stelle ha questo albergo?"

"Ma che ne so, come faccio a saperlo? Eh?! E chi se ne frega!" Andreo guardava fuori dal finestrino.

"Senti!" gridò Marco. "Vedi di cambiare atteggiamento o almeno fingi di essere interessato! Chi ti farà il colloquio deciderà se sei un possibile candidato nei primi sette secondi del colloquio. Devi metterti i vestiti giusti e avere l'atteggiamento giusto. Quando lo incontri stringigli la mano, con fermezza ma non troppo, e poi guardalo sempre dritto negli occhi. Non stravaccarti quando ti siedi; usa anche la tua postura per dimostrare che sei interessato. Ascolta le domande che ti faranno e rispondi direttamente. E preparati delle domande..."

"Hey, hey! Aspetta un attimo!" intervenne Andreo. "Chi è che si ricorda tutte 'ste cose?!"

"E non fare domande stupide... non fare domande né sulle vacanze né sui soldi. Loro potrebbero chiederti quanto ti aspetti di guadagnare, ma occhio a non esagerare... piuttosto chiedi la loro opinione o di farti una proposta economica."

"Non lavorerò per pochi spiccioli!!!"

"Non hai una formazione decente, non hai qualifiche, non hai esperienza... e soprattutto non hai scelta!" Marco lo fissava dritto negli occhi sperando di ricevere una risposta. Andreo sospirò e si rigirò verso il finestrino.

Marco non voleva arrendersi: "Dài, provo a farti qualche domanda, ok?".

Andreo non si girava.

"Forza! Facciamo finta che questo sia il colloquio..."

"Good morning, Andreo!"

Buongiorno, Andreo!

"Buongiorno, Marco."

"Speak in English, stupid!" Marco stava già perdendo la pazienza. "Let's start again... Good morning, Andreo."

Parla in inglese, stupido! Ricominciamo... Buongiorno, Andreo.

"Ciao..." Andreo notò che il nervoso di Marco stava crescendo pericolosamente... "Errrrr... hi!"

"That's too informal!!!"

Così è troppo informale!!!

Andreo ordinò un'altra birra.

COSA FARE E COSA EVITARE

Do & Don't

DO

PREPARE – Una buona preparazione per il colloquio ti darà sicurezza. Scopri più informazioni possibili riguardo l'azienda e i requisiti richiesti per quel posto di lavoro.

BE PROFESSIONAL – Mostrati sempre professionale perché i colloqui di lavoro nel Regno Unito e negli Stati Uniti sono momenti piuttosto formali.

USE TITLES – Rivolgiti alla persona che ti farà il colloquio usando il titolo appropriato: Mr. (si pronuncia Mister) se conosci il cognome della persona con cui stai parlando, o i più generici Madam o Sir. Ms si scrive solamente, non si pronuncia.

EXPERIENCE FIRST – Le qualifiche e i titoli di studio sono importanti, ma la maggior parte dei datori di lavoro inglesi danno più valore all'esperienza lavorativa, specialmente se il candidato ha finito gli studi a tempo pieno da più di tre anni.

ASK FOR CLARIFICATION – Chiedi chiarimenti se non capisci una domanda: faresti proprio la figura dello scemo se dessi una risposta che non c'entra niente con ciò che ti viene chiesto.

SAY THANK YOU – Alla fine del colloquio, mostrati sempre grato per l'attenzione e la disponibilità: le buone maniere hanno un enorme peso in Inghilterra.

DRESS APPROPRIATELY – Indossa un abbigliamento adeguato: professionale e semplice. Evita di indossare vestiti firmati troppo costosi o con marchi troppo in evidenza.

Questo è l'abbigliamento che consiglio per il giorno del colloquio di lavoro.

DON'T

DON'T ENGAGE – Non far perdere tempo alla persona che ti sta facendo il colloquio con chiacchiere inutili. Al massimo aspetta la fine del colloquio o una pausa caffè.

DON'T PANIC – Le tecniche per condurre un colloquio possono variare molto nel Regno Unito; potresti trovarti di fronte a persone un po' aggressive. Ricorda che non si tratta di un attacco personale, fai un respiro profondo e rispondi alle domande con calma e professionalità.

DON'T BOAST – L'arroganza è una di quelle cose che gli inglesi trovano insopportabili. Se ti mostri arrogante rischi di far perdere credibilità alle cose positive che dici sul tuo conto.

DON'T EXPECT PREFERENTIAL TREATMENT – Non aspettarti alcun trattamento di favore dovuto al tuo luogo di nascita, alla tua famiglia, alle tue conoscenze o all'università che hai frequentato. Questo è particolarmente vero negli Stati Uniti.

DON'T ASK STUPID QUESTIONS – Non fare domande sciocche o domande che prevedano semplicemente una risposta tipo "sì / no". Il colloquio è un'ottima occasione per dimostrare le tue capacità comunicative.

ESEMPI DI DOMANDE TIPICHE
Typical question examples

Questions THEY may ask

Why do you want to work here?
Perché vuole lavorare qui?

Could you tell me about your previous job?
Mi può raccontare della sua precedente esperienza lavorativa?

What are your strengths and weaknesses?
Quali sono i suoi punti forti e i suoi punti deboli?

What are your objectives for the next five years?
Quali sono i suoi obiettivi per i prossimi cinque anni?

How do you evaluate success?
Come considera il successo?

Are you willing to travel?
È disposto a viaggiare?

When can you start? / How soon can you start?
Quando può iniziare?

Questions YOU may ask

What skills and abilities are necessary for someone to succeed in this job?
Quali sono le competenze e le capacità necessarie per avere successo in questo lavoro?

Could you please explain your organisational structure?
Potrebbe cortesemente spiegarmi la vostra struttura organizzativa?

How many people work in this office?
Quante persone lavorano in questo ufficio?

Is relocation a possibility?
Il trasferimento è possibile?

What are the prospects for promotion?
Quali sono le prospettive per una promozione?

Does the job involve shift work?
Questo lavoro richiede dei turni?

Exercise

Immagina di essere al colloquio e scegli la risposta più adatta per ogni domanda.

1 Why do you want to work here?

A Because this company is the leader in its sector and I want to work with the best.

B Because I'm the best and I will be your leader.

C Because my mom sent my CV and now I don't want to disappoint her.

2 Could you tell me about your previous job?

A I worked in a fire alarm factory but one night it burned down.

B It was a nice experience. I was employed on a temporary basis, so when the project was complete I left the company. I'm still in contact with my ex colleagues and boss because the team was very strong. Now I would like to widen my experience.

C I worked in a restaurant as a waiter but I have a terrible memory... I always forgot what people wanted; I'm very creative so I chose what they wanted to eat.

3 What are your strengths and weaknesses?

A My strength is that I am physically strong but my weakness is my lack of brain.

B I am intelligent, charming, extremely likeable but I'm too modest.

C I work well in a team and have good interpersonal skills; my weakness is that I sometimes take on too much when I should ask others for help.

4 What are your objectives for the next five years?

A I'd like to widen my experience in this field and face new challenges.

B My objectives? That nice girl at the reception and your Personal Assistant, too. Very good looking women here, huh?

C Winning the National lottery and opening a bar on a beach in the Hawaii Islands.

5 How do you evaluate success?

A Success is not relevant at all; the most important thing in my job is the holiday.

Vacanza: **holiday** – UK

vacation – USA

B Hey baby! Success is my second name.

C Personal success is important, but I'm mostly interested in the company's success because it's nice to work in a productive and successful environment.

6 Are you willing to travel?

A Of course! I'm a big Manchester United fan so I always travel around Europe to support my team.

B Yes, but I can't drive, I'm scared of flying and I suffer from seasickness. But I walk and run very fast.

C Travelling on business trips is an option I'm willing to evaluate. In the past I've always been ready to travel when asked.

7 When can you start?

A I thought I had already started!

B I'm ready and available to start immediately.

C I wasn't very impressed: the receptionist is ugly, the coffee machine doesn't work properly and your questions are frankely banal, so I'm not sure I really want to work here but I'll let you know.

PIE – Torta. Può essere *savory* (salata, come l'esempio della storia) oppure *sweet* (per esempio un *apple pie*)

CHIPS – Le patatine fritte. Queste sono quelle fritte nell'olio, come quelle tagliate a bastoncino, per intenderci. Mentre quelle del sacchetto si chiamano *crisps*

STILL – L'acqua non si descrive mai *with gas* o *without gas*, ma *sparkling* (frizzante) oppure *still* (naturale). *With gas* succede quando mangi troppi fagioli e troppe cipolle!

I'LL HAVE – Forse pensavi che *have* significasse solo "avere"... invece vuol dire anche prendere qualcosa da mangiare o da bere! *I'll have* vuol dire "mangerò, prenderò questo o quello da mangiare - o da bere"

MEAL – Pasto. *Breakfast* (colazione), *lunch* (pranzo), *dinner* (cena) sono diversi tipi di *meals*

In the office

"Manners maketh man"
The please disease
Would, should, could, might
First day at work and
office etiquette
Do & Don't and Avoid
Andreo gets a job
Reality check

CHAPTER FIVE

In the office

Marco uscì dalla fermata della metropolitana *Canary Wharf*. Aveva controllato la posizione dell'ufficio su *Google Maps*, la sera precedente. L'indirizzo era *One Canada Square*.

Passò per l'entrata principale con un senso di ansietà mista ad aspettativa. Gli uffici della Rispa erano al 37° piano. Attraversò l'atrio, diretto agli ascensori. Lì una giovane donna stava aspettando l'arrivo dell'ascensore. Marco le sorrise e quando l'ascensore arrivò, aspettò che lei salisse per prima.
"Please" disse lui.
"Please what?" replicò lei, un po' divertita.
"After you" esclamò Marco; la donna salì sull'ascensore.

MACCHERONI ALERT!

"Please" non vuol dire "prego" ma vuol dire "per favore", quindi se dici "please" un inglese potrebbe aspettarsi una domanda oppure una richiesta.

Marco sapeva che era importante essere il più educato possibile con tutti, già nel bar vicino al posto di lavoro. Non puoi mai sapere chi sono le persone che incontri. Un collega d'ufficio, il tuo futuro capo...
Le porte dell'ascensore si aprirono al 37° piano. Davanti a sé Marco vide la reception e si avvicinò alla ragazza che era lì.

"Hello. My name is Marco Perra... from the Italian office. I start work here today."
Salve. Mi chiamo Marco Perra... dall'ufficio italiano. Inizio a lavorare qui oggi.
"Oh, yes! Mr. Collins is **expecting** you. I'll tell him you're here. Would you like **to take a seat** please?"
Oh, sì! Il signor Collins la sta aspettando. Lo avviso che è arrivato. Vuole accomodarsi?

Marco sorrise e ringraziò. Attraversò la stanza fino a raggiungere una fila di se-die, si accomodò e si guardò intorno. Davanti a sé un corridoio che attraversava una lunga serie di uffici open space dove gli impiegati erano già impegnati al loro lavoro. "Questo è un buon segno" pensò. La gente qui era seria sul lavoro e questa era una cosa che apprezzava molto.

Si era appena seduto quando arrivò il signor Collins.

"Good morning, Marco, and welcome! Great to see you here **at last**!"
Buongiorno Marco e benvenuto! È bello vederti qui, finalmente!
"Good morning, Mr. Collins. It's great to be here. **I'm looking forward** to meet-ing everyone!"
Buongiorno, Mr. Collins. È bello essere qui. Non vedo l'ora di incontrare tutti!
"I'm happy to hear that, Marco." Si strinsero la mano. "Please, **come this way**."
Sono felice di sentirtelo dire, Marco. Per favore, da questa parte.

Mr. Collins presentò Marco al gruppo del marketing.

"This is Jason Bridges, UK Marketing Manager."
Questo è Jason Bridges, direttore marketing per il Regno Unito.

Marco decise di seguire l'esempio del suo capo e quindi chiamare per nome i nuovi colleghi.
"Good to meet you, Jason" disse Marco.
Piacere di conoscerti, Jason.
"Good to meet you, too, Marco. I have a meeting in five minutes, but would you like to have lunch later?"
Piacere mio, Marco. Ho una riunione tra cinque minuti, ma ti andrebbe di pran-zare insieme più tardi?
"That would be great. Thanks!" rispose Marco.
Sarebbe bello. Grazie!
"OK. See you later, then." Jason scomparve in fondo al corridoio.
OK. A dopo, allora.

Mr. Collins si rivolse a Marco e disse: "Our offices are on the floor above. Shall we go up?".
I nostri uffici sono al piano di sopra. Saliamo?
Marco in tutta risposta gli sorrise.

L'ufficio di Marco era impressionante.
La donna che aveva visto in ascensore sedeva a una delle due scrivanie.

"This is Susan Pritchard, Logistics Manager. Susan, this is Marco Perra from our Milan office. He's our new International Logistic Manager."
Lei è Susan Pritchard, responsabile della logistica. Susan, ecco Marco Perra dal nostro ufficio di Milano. È il nostro nuovo direttore della logistica per l'Europa.
"Hello, Susan" disse Marco.
Salve, Susan.
Susan sorrise. "We met in the **lift** a few minutes ago. I'm pleased to meet you again."
Ci siamo incontrati in ascensore pochi minuti fa. Sono felice di rivederti.
Il signor Collins si rivolse a Marco: "Well, I'll leave you **to get settled**. If you need anything, I'm just down the corridor. Great to have you with us, Marco!".
Bene, lascio che ti sistemi. Se ti serve qualcosa, sono giusto in fondo al corridoio. È bello averti qui, Marco!

Marco si sedette alla sua nuova scrivania e accese il computer. Guardò Susan un attimo e pensò: "Meno male che prima l'ho trattata bene!".

Susan alzò lo sguardo e gli sorrise.
Gli chiese: "Do you want me to show you around?".
Vuoi che ti mostri cosa c'è qui intorno?
"I would be very grateful, thank you" rispose Marco.
Te ne sarei molto grato, grazie.
"Would you like a coffee first?"
Ti va un caffè prima?
"No thanks, but water would be fine."

No grazie, ma dell'acqua andrà bene.
"Still or sparkling?"
Naturale o frizzante?
"Sparkling, please"*
Frizzante, per favore

Dopo che Marco ebbe fatto il giro degli uffici e preso nota di quel che c'era, si sedette alla scrivania. Il telefono squillò.
Guardò il telefono nervosamente.
Susan sorrise: "Maybe you should answer that...?".
Forse dovresti rispondere...?

Marco sollevò la cornetta: "Hello, Marco Perra, London office speaking. How can I help you?".
Pronto, Marco Perra, ufficio di Londra. Come posso aiutarla?
"Ma parla come mangi, scemo!" rispose Andreo.
Marco riagganciò subito e guardò Susan.
"Wrong number..." commentò, con un mega sorriso.
Hanno sbagliato numero...
Un uomo infilò la testa dentro l'ufficio.
"Sorry. Am I interrupting something? Smith from the Health and Safety Office... I'd like **to go through** our safety regulations with you. Is that all right?"
Scusate. Sto interrompendo qualcosa? Smith, dell'Ufficio Salute e Sicurezza... vorrei vedere insieme a lei le regole della sicurezza. Va bene?
Marco sorrise e annuì.

* *"The please disease" (la malattia del please) è una cosa di cui soffrono tutti gli inglesi. Si dice "please" per qualunque richiesta: anche per la cosa più piccola e banale devi SEMPRE usare "please". Al bar non puoi ordinare "Two coffees", se non aggiungi "per favore" non ti serviranno! Leggi più avanti il paragrafo dedicato.*

LESSON

LE BUONE MANIERE CI RENDONO UOMINI

"Manners maketh man"

Good manners: buona educazione
Bad manners: maleducazione

Ci sono degli atteggiamenti molto elementari per dimostrare di essere bene educati in un ambiente di lavoro; questo vale sia se stai lavorando all'estero, sia se stai lavorando in Italia. E devi tenerne conto, a meno che tu ci tenga proprio a sembrare un troglodita. Per noi inglesi sono davvero fondamentali la cortesia e l'educazione. Quindi adesso mi soffermerò su alcuni punti che saranno per te molto preziosi.

LA MALATTIA DEL PLEASE

The please disease

Ricordati sempre di concludere qualunque tipo di richiesta con la parola *please* e di dire sempre *thank you* (oppure *thanks*, più informale) quando qualcuno ti dà qualcosa, sia che si tratti di un milione di euro o di un bicchiere d'acqua.
Gli inglesi e gli americani trovano che ignorare questi principi base dell'educazione sia da maleducati.
Essere educati, a ogni modo, non si limita al dire *please* e *thank you*. La tua educazione si vede anche nel modo in cui accogli la gente. Instaura un contatto visivo amichevole (guarda le persone negli occhi) e sorridi, la tua stretta di mano dev'essere vigorosa... ma senza far male! Evita di interrompere il tuo collega, se sta parlando, aspetta sempre che finisca prima di intervenire.

> PASS ME THE FILE.

> SAY PLEASE, PLEASE!

> PLEASE.

> THANK YOU.

> YOU'RE WELCOME!

~~I VERBI MODALI~~

Would, should, could, might

Eh sì, adesso ti faccio una bella lezione di grammatica.

Andreo: "Are you coming to the pub?".
Marco: "I would if I could and I should but I can't... but I might come tomorrow".
Andreo: "Stai pure a casa, va'... Sei già ubriaco".

Questi sono i verbi modali:

Present	Past
CAN	COULD
MAY	MIGHT
WILL	WOULD
SHALL	SHOULD
MUST	(non esiste al passato)

73

Questi verbi possono essere usati per costruire il condizionale (*Conditional tense*). Ti faccio un breve riassunto:

Tipo	Condizione	Frase principale
1st	IF + Simple Present *(condizione probabile)*	Will / Can / Must + Forma base
2nd	IF + Simple Past *(condizione possibile ma non certa, improbabile)*	Would / Could / Should + Forma base

1st – If Andreo rings again, Marco will get very angry.
Se Andreo chiama ancora (condizione probabile) Marco si arrabbierà molto.
2nd – If Andreo went back to Italy, Marco would be happy.
Se Andreo tornasse in Italia (condizione poco probabile, quasi impossibile) Marco sarebbe felice.

Ma i verbi modali possono aggiungere significato alle frasi:
Would – Condizione o volontà
Could / Might – Possibilità o probabilità
Should – Obbligo, dovere o dare consigli

Ricorda che questi verbi rimangono uguali per tutte le persone: *I would, you would, he would* ecc.

I verbi modali sono preziosi anche per un'altra ragione: ti permettono di esprimerti in maniera educata.

Informale	Educato
Will	Would
Can	Could
Must	Should

Guarda come puoi chiedere la stessa cosa in modi diversi:

Un ordine – Give me a pen!
Dammi una penna!

Un ordine... un po' più cortese – Give me a pen, please.
Per favore, dammi una penna.

Una richiesta informale – Will you give me a pen, please?
Mi dai una penna, per favore?

Una richiesta molto educata – Would you give me a pen, please?
Mi daresti una penna, per favore?

Utilizzare questi verbi modali al passato ti permette in un attimo di fare una richiesta molto più educata e cortese:

Informale	Educato
Can you open this bottle?	Could you open this bottle, please?
Puoi aprire questa bottiglia?	*Potresti aprire questa bottiglia, per favore?*
Can I ask you a personal question?	Could I ask you a personal question?
Posso farti una domanda personale?	*Potrei farti una domanda personale?*
Shall I open the bottle?	Should I open the bottle?
Apro la bottiglia?	*Dovrei aprire la bottiglia?*

Should serve anche per dare consigli o suggerimenti in una bella maniera:

Informale	Educato
You must stop smoking.	You should stop smoking.
Devi smettere di fumare.	*Dovresti smettere di fumare.*
Change team!	You should change football team.
Cambia squadra!	*Dovresti cambiare squadra.*

LESSON

PRIMO GIORNO DI LAVORO E GALATEO IN UFFICIO

First day at work and office etiquette

È il tuo primo giorno di lavoro! Ricorda che stai gettando le basi per i successivi mesi e anni della tua carriera. Vale assolutamente la pena di prepararti in maniera adeguata e con attenzione, non solo per assicurare il tuo successo, ma anche per aumentare il tuo senso di sicurezza nelle giornate difficili. Guarda cosa ti consiglio o sconsiglio di fare, in questa occasione così importante.

COSA FARE E COSA EVITARE

Do & Don't

DO

VISIT THE COMPANY'S WEBSITE – Guarda il sito dell'azienda per trovare informazioni su come è strutturata e sulle sue regole e norme di sicurezza. Controlla se c'è un manuale online per gli impiegati. Ovviamente il manuale sarà in inglese. Scaricalo e studialo bene, ma non aver paura di chiedere ai colleghi o anche al tuo capo delle spiegazioni, se qualcosa non ti è chiaro (non temere di fare brutta figura, al contrario, interessandoti dimostri di prendere sul serio le regole della ditta).

DON'T TOUCH PEOPLE – A parte le strette di mano, gli inglesi in generale non sopportano il contatto fisico (pensa che io adesso quando torno in Inghilterra devo tenere le mani in tasca, perché altrimenti le agiterei più di quanto fate voi italiani!). Evita baci e abbracci, non avvicinarti troppo e tieni le mani a posto, altrimenti il tuo nuovo capo e i tuoi colleghi saranno costretti ad adeguare il loro abbigliamento al tuo atteggiamento. Gli americani invece sono un po'

76

LESSON

più disponibili al contatto fisico: danno amichevoli pacche sulle spalle e non si innervosiscono troppo se ne ricevono.

GET TO KNOW YOUR NEW COLLEAGUES

Ti va una birra? **"Fancy a pint?"** – GB

"How about a cold one?" – USA

Accetta inviti per pranzi o per bere qualcosa dopo il lavoro. Questo è un ottimo modo per iniziare a creare rapporti saldi con i nuovi colleghi. È più difficile fare amicizie in Inghilterra, ci vuole più tempo rispetto all'Italia, ma il pub è un ottimo inizio. Ricordati che il pub per gli inglesi non è un semplice bar, è un tempio sociale. Lì si festeggiano battesimi, matrimoni e anche i funerali.*

Ma ricordati che invitare una persona del sesso opposto per uscire a bere qualcosa è facilmente interpretato come un invito a conoscervi meglio... ;-)

UNDERSTAND YOUR DUTIES – Capisci esattamente che cosa devi fare, quali sono i tuoi compiti e le priorità del tuo capo. È molto importante che impari tutti i termini tecnici e il gergo del tuo settore, in inglese ovviamente.

* *Attenzione ai collezionisti di farfalle! In Inghilterra si collezionano francobolli: "Would you like to see my stamp collection?".*

LESSON

DON'T

DON'T ARRIVE LATE – Non vorrai iniziare dando una brutta impressione! Nelle città come Londra, il sistema dei trasporti pubblici può risultare molto confuso. Quello che sto per dirti potrebbe sorprenderti, ma i treni britannici hanno il record di ritardi in Europa. Quindi parti con un bell'anticipo e impara bene la strada da fare e le alternative.*

La puntualità è importante anche a distanza; per esempio, se hai promesso di telefonare al tuo cliente in Inghilterra a una certa ora, non farlo aspettare. La partita a Sudoku puoi finirla dopo, no? Oppure, se devi inviare un file o una e-mail un certo giorno, non rimandare oppure risulterai molto fastidioso per i tuoi colleghi, clienti o fornitori inglesi.

ENGLAND VS ITALY. DO YOU THINK THEY HAVE A CHANCE?

DON'T PRETEND – Non fare finta di capire, te lo ripeterò fino alla nausea. Dire *"Sorry, I don't understand, could you please repeat that?"* non ti provocherà una brutta figura, ANZI! L'inglese apprezza l'importanza che dai a quello che ti sta dicendo. È pericolosissimo fingere di capire una cosa, perché, prima o poi, ti sgameranno, e lì sì che farai una brutta figura! Una frase che a me piace: *"Could you speak slowly, please? I'm still learning"* fa intuire serietà e impegno e sarà sempre apprezzata.

* *Se decidi di guidare in Inghilterra ricordati che noi guidiamo dalla parte GIUSTA della strada! Dal lato sinistro.*

LESSON

DON'T FORGET YOUR DOCUMENTS - Al tuo primo giorno nel nuovo posto di lavoro, non dimenticarti il passaporto o altri documenti importanti. L'ufficio delle risorse umane potrebbe chiederti dettagli personali, compreso il tuo numero di conto corrente bancario. Assicurati di avere tutti i tuoi dati e di poterli fornire prontamente e in inglese, in modo chiaro e corretto.

DON'T TAKE LONG BREAKS - Non fare pause troppo lunghe, rispetta i tempi consentiti e sii pronto a rientrare alla tua postazione di lavoro. Gli inglesi danno tantissima importanza alla puntualità. Un ritardo a un appuntamento è visto come mancanza di rispetto e arrivare tardi in ufficio è interpretato come disattenzione e noncuranza.

DON'T USE YOUR MOBILE PHONE AT WORK - Usa il telefono cellulare solo per ragioni di lavoro, non farne mai un uso privato a meno che non sia strettamente necessario. Io so che gli italiani hanno un'intensa storia d'amore con i loro cellulari. Addirittura, in Italia, nei bagni pubblici ho visto un uomo con il cellulare in una mano e nell'altra ... vabbe', hai capito. In Inghilterra è visto semplicemente come una cosa privata per il tempo personale.

DON'T BE NOSEY - *In England nobody likes a gossip.* Evita di fare pettegolezzi in ufficio, altrimenti potresti essere messo tu al centro di tutte le chiacchiere sul posto di lavoro. Sarebbe anche meglio evitare di continuare a parlare e chiacchierare con i colleghi... dopotutto l'ufficio è un posto di lavoro.

AVOID

Io ti consiglierei di evitare di iniziare relazioni sentimentali con un collega, a meno che si tratti di vero amore. Però, se proprio non ne puoi fare a meno, almeno sii discreto ed evita di attirare l'attenzione. Tieni presente che la fine di una storia d'amore avuta con un collega ti metterà in una situazione difficile e imbarazzante.

Prima di Natale in Inghilterra ha luogo il famosissimo **"Office Party"**.

Ti ricordi Paul, quel tipo nel reparto Logistics, molto timido, che non parla mai; o magari Jane, quella che lavora alla reception, sempre al telefono, ultra professionista? Lascia perdere l'immagine che hai di loro. Se arrivi a una certa ora, dopo che sono passati litri di alcol, ti chiederai dove sono andati a finire tutti quegli inglesi seri e professionali, perché ti troverai davanti a un branco di scimmie ubriache fuori controllo.

E spessissimo queste scimmie si accoppiano.

È ben documentato che succedono tantissimi guai in ufficio grazie alle annuali "feste dei primati inglesi".

Ti consiglio di evitare di parlare di politica, religione e calcio. Questi sono miei consigli personali, con questi tre argomenti i guai sono assicurati.

OF COURSE OBAMA IS AN IDIOT, HE IS A CHRISTIAN!

ANDREO TROVA LAVORO

Andreo gets a job

Andreo si trovava nella metropolitana di Londra e stava andando all'albergo per la prima volta. Era in ritardo! Dov'era il treno?
Si guardò i vestiti. Suo fratello gli aveva detto di vestirsi in modo adeguato, aveva indosso la sua maglietta preferita, quella tutta strappata, i jeans e le infradito.

Finalmente era a bordo del vagone e prese a spintonare un signore un po' anziano per sedersi nell'unico posto libero. Doveva scendere a *Piccadilly*. A mente contò quante fermate mancavano e guardò l'ora sul suo cellulare... era in ritardo, tanto in ritardo...

Salì di corsa la rampa di scale per uscire. Dov'era l'hotel? Come si chiamava? Chiamò Marco, ma lui riagganciò immediatamente. Cavolo! Marco gli aveva detto di scendere a *Piccadilly*, quindi doveva proprio essere uno degli alberghi nei paraggi. Ma la strada era PIENA di alberghi, uno dopo l'altro, cosa doveva fare? Ne scelse uno a caso ed entrò.

Andò a sbattere contro una donna che era sull'ingresso; lei lo guardò malissimo. Ma Andreo non aveva tempo, la ignorò e corse verso la reception.

"This is Andreo!" disse.
Versione corretta: "I'm Andreo!". – Sono Andreo!

— MACCHERONI ALERT! —
Aaaaargh! Si sta presentando di persona, perché cavolo dice: "This is"?! Avrebbe dovuto dire "I am".

La persona alla reception lo fissò con aria perplessa.

"I here for job. I start today."
Versione corretta: "I'm here for my new job. I start today." – Sono qui per il nuovo lavoro. Inizio oggi.

Ricordati che in inglese si usa spessissimo l'aggettivo possessivo. E poi qui Andreo ha anche dimenticato il verbo… troglodita!

"What's your name again?" chiese lei.
Mi può ripetere il suo nome?

"Andreo."

"Your surname?" gli chiese pazientemente lei.
Il suo cognome?

"Surname? Aah, I know… Perra!"
Cognome? Aah, lo so… Perra!

La ragazza fece una telefonata al gestore dell'albergo per dire che c'era un certo Andreo Perra alla reception… che sosteneva di dover lavorare nell'hotel. Poi si rivolse ad Andreo e gli chiese di attendere un attimo.

Dopo dieci minuti apparve un uomo; Andreo si sentì male. Era quel vecchio della metropolitana. Quel giorno stava diventando un incubo! Cos'altro poteva andare storto?

"You're here for a job, young man? What job might that be?" chiese l'anziano signore.
Sei qui per un lavoro, giovanotto? Di quale lavoro parli?

"I came from Italy yesterday. I sent e-mail and CV. This is my first day!" sorrise Andreo speranzoso.

Versione corretta: "I came from Italy yesterday. I sent you an e-mail and my CV. This is my first day!". – Sono arrivato ieri dall'Italia. Ho mandato una e-mail e il mio CV. Questo è il mio primo giorno!

—— MACCHERONI ALERT! ——

Andreo non ha specificato a chi ha mandato l'e-mail (you) e ha dimenticato l'articolo e l'aggettivo possessivo.

"Well, I'm sorry but we have no jobs here. You must have the wrong hotel."
Be', mi spiace ma non c'è lavoro qui. Devi essere nell'albergo sbagliato.

In quel momento stava passando una signora sulla quarantina: "Hello Jimmy, who is this young man?" chiese la donna.
Ciao Jimmy, chi è questo ragazzo?

Andreo sapeva che gli inglesi non sapevano vestirsi bene, ma questa era davvero un caso pazzesco. Poteva essere la sorella di Platinette, vestita da una scimmia daltonica, con colori assurdamente a caso. Inguardabile!

"What beautiful dress you have, madam! They exalt your eyes so much" disse Andreo, appena prima di farle il baciamano, da buon vecchio furbo.
Versione corretta:"What a beautiful dress you have, madam! It exalts your eyes so much". – Che bel vestito che indossa, signora! Esalta tantissimo i suoi occhi.

—— MACCHERONI ALERT! ——

In inglese, per dire "che bel..." qualunque cosa, bisogna sempre usare l'articolo indeterminativo, cioè si dice: "What a beautiful..."; inoltre, "dress" è singolare, mentre Andreo aveva detto "they" (plurale).

Jimmy non ci è cascato proprio. "He's Italian and he's looking for a job, madam. I'll show him out now..."
È italiano e sta cercando lavoro, signora. Lo porto fuori subito...

La signora guardò l'adorante Andreo.

"Do you know the standard procedures regarding the hotel and catering business?"

Conosci le procedure standard riguardanti il lavoro negli alberghi e nella ristorazione?

"What?" rispose Andreo.

Cosa?

"You can start tomorrow."

Puoi iniziare domani.

84

WORKING ABROAD

COI PIEDI PER TERRA

Reality check

Nel Regno Unito, per poter lavorare in regola, devi fare una richiesta per ottenere il *National Insurance number*. Questo numero serve al tuo datore di lavoro per pagare le tasse relative alla tua assunzione e i contributi alla *National Insurance*. Questi pagamenti vengono automaticamente dedotti dalla paga, quindi i soldi che ricevi sono già sgravati di questi importi.

Fare domanda per il *National Insurance number* è molto semplice: vai al *Job Centre* locale, una specie di agenzia di lavoro istituzionale, e fissi un appuntamento. Il processo consiste in un breve colloquio nel quale devi dimostrare la tua identità, presentare il permesso di lavoro (solo se non sei cittadino europeo) e dimostrare che hai già un'offerta di lavoro o che almeno lo stai cercando. Puoi dar prova del fatto che stai cercando lavoro portando della documentazione che attesti che hai già fatto qualche colloquio e sei stato rifiutato, per esempio. Per completare il processo nella sua interezza serviranno tre o quattro settimane. Il *National Health Service* britannico offrirà assistenza gratuita a qualunque persona coinvolta in un incidente o che si trovi in una grave situazione di emergenza medica. Le persone a cui è concessa l'assistenza medica gratuita sono:

chi risiede stabilmente nel Regno Unito

cittadini dell'Unione Europea

chiunque sia stato residente nel Regno Unito l'anno precedente

chiunque abbia un permesso di lavoro

studenti che stanno frequentando un corso di almeno sei mesi.

Comunque, non tutti i servizi sanitari sono gratuiti: ci sono costi per le prescrizioni, per le cure odontoiatriche e le visite oculistiche.

Se non appartieni a nessuna delle categorie elencate qui sopra, ti conviene richiedere l'assicurazione sanitaria prima di andare nel Regno Unito perché le cure mediche sono molto costose!

Exercise

Hai letto bene tutto il capitolo? Scegli la risposta più adatta per ogni domanda.

1 How should you prepare for your first day at a new job in London?

A Eat a big breakfast with eggs and bacon while listening to *Disperato erotico stomp*.

B Establish your routine: arrive some minutes late, read the paper for half an hour, take a coffee break chatting with colleagues, check what's happening on your Facebook wall and then start working if the boss is around.

C Study the company handbook and regulations carefully.

2 How should you greet your new British colleagues?

A Greet them with a smile and a firm handshake.

B Hug them tightly and kiss them on each cheek three times.

C Hide behind a large plant as soon as you see them. If they see you, just keep frowning until they go away.

3 On your first day at work a colleague asks if you are married and have children. How do you respond?

A "Mind your own business!"

B "I'm married with six children, but tonight I'm free. Would you like to go for a drink?"

C "I'm married with a baby girl... and what about you? Do you have a family?"

4 You don't know where your boss's office is. What do you do?

A Kindly ask a colleague for directions and try to remember what he/she tells you. If you have a bad memory, just take a note.

B Nothing. It isn't important to you. If the boss needs to talk to you, he has to come to your office.

C Shout your boss's name very loudly until he comes out into the corridor.

5 How can you get to know your colleagues better?

A Never accept any invitation because you hate English food. You don't want to have people who like such disgusting food as friends.

B Go to the pub and drink as much as you can in the shortest time possible. You will quickly smell of drink and say very stupid things. Then drive your car, this is a good way to meet the local police.

C Accept your colleagues' invitations to lunch or to the pub after work with a smile.

6 What should you do if you don't understand something?

A Cry and call your mum at home, telling her that British people are so unfriendly and do their best to make you feel unwelcome.

B Shout: "Fire!" and run for the exit.

C Ask them politely to repeat the phrase.

7 What are the rules regarding mobile phones in the office?

A Use your mobile phone to send jokes to all your colleagues during working hours; you will become very popular in the office and they'll love you. If you send jokes to your boss, too, you may expect a pay rise.

B Use your mobile only for business calls and only if necessary.

C You can't own a mobile phone if you work in an office; if you have one, throw it away immediately the moment you get the job.

EXPECTING – Aspettare. Significa anche aspettarsi qualcosa: *I expected the worst*, mi aspettavo il peggio

TO TAKE A SEAT – Non vuol dire "prendere una sedia", ma "accomodarsi"

AT LAST – Finalmente, infine

I'M LOOKING FORWARD – Non vedo l'ora

Ricordati che la struttura è: *I'm looking forward + to + verbo in -ing.*

COME THIS WAY – Da questa parte. Quando vuoi mostrare la strada a qualcuno, non si dice *Follow me*. È un ordine... antipatico

LIFT – Ascensore; deriva dal verbo *to lift* che significa sollevare. Negli Stati Uniti l'ascensore viene chiamato *elevator*

TO GET SETTLED – Sistemarsi

TO GO THROUGH – Questo *phrasal verb* significa "attraversare", in questo caso vuol dire che il nuovo collega di Marco vuole vedere insieme a lui tutte le regole sulla sicurezza, "passarci attraverso"

NOSEY – Ficcanaso, curiosone

AVOID – Evitare

In a hotel

CHAPTER SIX

In a hotel

Mrs Peters andò con Andreo verso la reception, dove si trovava Jimmy.

"I've decided that Andreo will start here at the reception. Will you **look after** him, please?"
Ho deciso che Andreo inizierà qui alla reception. Te ne occupi tu, per favore?

Mrs Peters sorrise ad Andreo e se ne andò.

Jimmy scosse la testa, non ci poteva credere. "I'm going to get a coffee."
Vado a prendermi un caffè.

Andreo guardò Jimmy mentre usciva. Improvvisamente realizzò che aveva un lavoro! Non riusciva a crederci!

Squillò il telefono. Andreo rispose.
"Andreo Perra speaking..."
Sono Andreo Perra...
"I don't care who you are!!! Where is my newspaper? I've been waiting for it for over an hour!"
Non me ne frega di chi sei!!! Dov'è il mio giornale? Lo sto aspettando da più di un'ora!
Andreo capì una parola sola. "Newspaper?"
Giornale?
"I ordered the morning paper. Where is it?"
Ho ordinato il giornale del mattino. Dov'è?
"Ah. Jimmy has not returned with the papers. Soon... sorry, sorry..."
Versione corretta: "Ah. Jimmy has not returned with the papers. He'll be back soon... I'm very sorry..." - Ah. Il signor Jimmy non è tornato coi giornali. Tornerà presto... mi spiace molto...

Andreo aveva appena riagganciato quando una coppia di mezza età entrò nell'albergo. Andreo fece un sorrisone mentre si avvicinavano al banco.

"We have a reservation" disse l'uomo.
Abbiamo una prenotazione.
Andreo sorrise ancora di più.
"I said we have a reservation!" ripetè l'uomo.
Ho detto che abbiamo una prenotazione!
"Yes" annuì Andreo "which is your room number?"
Versione corretta: "Yes, what is your room number?" – Sì, qual è il numero della sua stanza?

——— MACCHERONI ALERT! ———

Fuori dal pub: *"Which one is your car?"* Quale (tra queste che ci sono qui) è la tua macchina? "Nessuna, sono venuto in bici!" *Which* si usa per una scelta tra un numero limitato di alternative, *what* scelta illimitata.

"That's what we want to know!!!" L'uomo si stava innervosendo.
È quello che vogliamo sapere!!!
Andreo si domandava cosa avrebbe dovuto fare. Guardò il computer.
"Name?" chiese.
Nome?

"Mr. and Mrs Steelpeach."
Signor e signora Steelpeach.

Fortunatamente Jimmy rientrò e prese subito in mano la situazione.
"Can I help you, sir? The boy here is new today... I hope he wasn't..."
Posso esserle utile, signore? Il ragazzo qui è nuovo oggi... spero non sia stato...
"No, no... we have a reservation for today."
No, no... abbiamo una prenotazione per oggi.

"Could you give me the name of the reservation, please?" chiese Jimmy.
Potrebbe darmi il nome della prenotazione, per favore?
"It's Steelpeach. I just told your boy here."
È Steelpeach. L'ho appena detto al ragazzo qui.
"I see" sorrise Jimmy. "Well, you're in room 56. I'm afraid I can't give you the key as the room is still being cleaned. Perhaps you would like to leave your bags here for the moment and wait in the bar area."
Bene, siete nella camera 56. Temo di non potervi dare le chiavi visto che non hanno ancora finito di pulire la stanza. Magari per il momento volete lasciare qui le vostre borse e attendere nella zona del bar.
I clienti andarono al bar.

Jimmy guardò Andreo negli occhi: "You learn quick here, boy... or you get sacked. Understand?"
Qui impari in fretta, ragazzo... o sei licenziato. Capito?

Licenziato: **sacked** - UK
fired - USA

"Listen, I want to try. OK?" gli rispose Andreo.
Senti, voglio provare. OK?
"OK. But listen to me. If you learn quickly and work hard... we'll get on well... now go and buy some shoes... your flip flops are making a terrible noise on the parquet!"
OK. Ma stammi a sentire. Se impari in fretta e lavori sodo... andremo d'accordo... ora vai a comprarti un paio di scarpe nuove... le tue infradito fanno un rumore terribile sul parquet!

ALLA RECEPTION

At the reception

Nelle pagine seguenti troverai un disegno della reception di un albergo.
Eccoti una lista di vocaboli che potranno esserti utili per la prossima trasferta di lavoro all'estero.

1 RECEPTION DESK – Reception

2 RECEPTIONIST – Receptionist, addetto al ricevimento

3 BELL – Campanello

4 PORTER (UK) / BELLHOP (USA) – Facchino

5 KEY – Chiave

6 HALLWAY – Corridoio

7 SAFE – Cassaforte

8 STAIRCASE – Scale

9 LIFT (UK) / ELEVATOR (USA) – Ascensore

10 LUGGAGE – Bagaglio/i

11 ENTRANCE – Ingresso

12 LOUNGE – Salone

13 ROOMS – Stanze, camere

14 LOBBY – Ingresso, atrio

LESSON

LESSON

FRASI UTILI
Useful phrases

I'd like to make a **reservation** for three nights.
Vorrei fare una prenotazione per tre notti.

I'd like **to book** a room for one week.
Vorrei prenotare una camera per una settimana.

I'd like a single / double / twin-bedroom, please.
Vorrei una camera singola / matrimoniale / doppia (con i letti separati), per favore.

Would you like a room with a bath or a shower, sir?
Gradisce una camera con vasca da bagno o doccia, signore?

How much is the room per night?
Quanto costa la camera a notte?

It's £80 per night including breakfast.
Costa 80 sterline, colazione inclusa.

I can't find your booking. Did you make your booking online?
Non riesco a trovare la sua prenotazione. L'ha fatta online?

I have the booking reference here.
Ho qui il riferimento della prenotazione.

Oh, yes sir. Here is the booking. I do apologise.
Oh, sì signore. Ecco la prenotazione. Mi scuso.

Everything **is in order**. / Everything is all right.
È tutto in ordine. / È tutto a posto.

Could I have a **wake up call** at 8 o'clock, please?
Potrei avere una sveglia telefonica alle otto, per favore?

How long will you be staying?
Per quanto tempo starà qui?

I'll be here for three nights.
Starò qui per tre notti.

Here is your room key. You are in room 378 on the third floor.
Ecco la chiave della sua stanza. (Lei) è nella stanza 378 al terzo piano.

Please, take the lift on your right.
Per favore, prenda l'ascensore sulla destra.

You can **check in** from 11.00 am.
Può effettuare il check in dalle 11 del mattino.

Check out time is 10.00 am.
Deve effettuare il check out alle 10 del mattino.

Your room hasn't been cleaned yet.
La sua stanza non è ancora stata pulita.

Do you have any luggage, madam?
Ha dei bagagli, signora?

Yes, we have three bags / suitcases, over there.
Sì, abbiamo tre borse / valigie, laggiù.

The **porter** will show you to your room.
Il facchino le mostrerà la sua stanza.

Let me know if you need / require **anything else**.
Mi faccia sapere se le serve / ha bisogno di qualcos'altro.

Do you have a restaurant (in the hotel)?
Avete un ristorante (nell'albergo)?

Yes, there is a four star restaurant and a buffet in the bar area at lunch time.
Sì, c'è un ristorante a quattro stelle e un buffet nella zona bar a pranzo.

We hope you enjoy your **stay**!
Ci auguriamo che il vostro soggiorno sia gradevole!

Thank you very much.
Molte grazie.

Exercise

Completa queste vignette scegliendo tra le frasi proposte. Fai attenzione, non ti serviranno tutte!

How long will you be staying?
Do you have any luggage, sir?
I have the booking reference here.
We hope you enjoy your stay!
Could I have a wake up call at 7 o'clock, please?
Yes, there is a restaurant and a buffet in the bar area.
I'd like a double room for tonight, please.

EXERCISE

PRENDERE UNA STANZA PER LA NOTTE

Getting a room
for the night

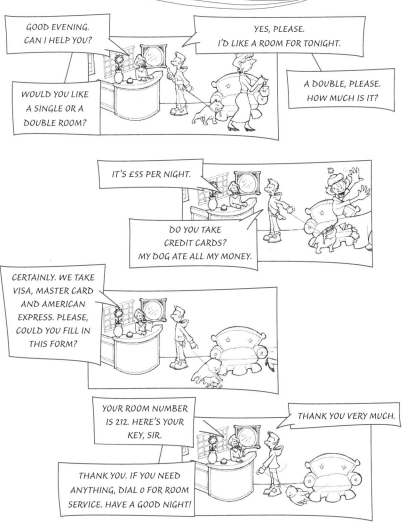

GOOD EVENING. CAN I HELP YOU?

YES, PLEASE. I'D LIKE A ROOM FOR TONIGHT.

WOULD YOU LIKE A SINGLE OR A DOUBLE ROOM?

A DOUBLE, PLEASE. HOW MUCH IS IT?

IT'S £55 PER NIGHT.

DO YOU TAKE CREDIT CARDS? MY DOG ATE ALL MY MONEY.

CERTAINLY. WE TAKE VISA, MASTER CARD AND AMERICAN EXPRESS. PLEASE, COULD YOU FILL IN THIS FORM?

YOUR ROOM NUMBER IS 212. HERE'S YOUR KEY, SIR.

THANK YOU VERY MUCH.

THANK YOU. IF YOU NEED ANYTHING, DIAL 0 FOR ROOM SERVICE. HAVE A GOOD NIGHT!

CHIAMARE IL SERVIZIO IN CAMERA

Calling room service

LASCIARE L'ALBERGO

Checking out of the hotel

Receptionist: Good morning. Can I help you?

Guest: Yes, I'd like to check out please. The name is Bonehead, room 212.

Receptionist: One moment, sir... let me see. It comes to £3500. You can check the details on the bill... here you are, sir.

Guest: What's this item here?

Receptionist: That's the Chippendale dresser your dog destroyed.

Guest: Wow! Was that a Chippendale?

Receptionist: Yes. Then there's £24 for the phone calls you made from your room.

Guest: £24???... Ok, can I pay by credit card?

Receptionist: Certainly, sir. May I have your passport, please?

Guest: Here you are.

Receptionist: Could you sign here for me?

Guest: Sure.

Receptionist: Here is your receipt, sir. I hope you enjoyed your stay with us!

Guest: We did, thank you. Goodbye.

LOOK AFTER - Questo *phrasal verb* significa occuparsi, prendersi cura di qualcuno

RESERVATION - La prenotazione (negli Stati Uniti); in *British English* si dice *booking*

TO BOOK - Prenotare

TO BE IN ORDER - Essere in ordine. Attenzione a non fare confusione: "Ordinare qualcosa" in inglese è *to order something*

WAKE UP CALL - La sveglia che si può prenotare alle reception degli alberghi... quella che ti sveglia con lo squillo del telefono che hai in camera

CHECK IN - Anche in italiano si usa questo termine col quale si intende la registrazione che si effettua all'arrivo in una struttura alberghiera

CHECK OUT - È il momento della partenza dall'albergo, quando si restituiscono le chiavi e si salda il conto

PORTER - Il facchino, ma con questo termine si intende anche il portiere dell'albergo

ANYTHING ELSE - Qualcos'altro, qualcosa in più

STAY - Soggiorno. Il verbo *to stay* significa "stare, restare"

Small
talk

Small talk

Susan ascoltava Marco attentamente.

"... but I didn't know that Andreo had taken my car without telling me. So, when the Police called, I didn't know what to tell them!"

... ma non sapevo che Andreo aveva preso la mia macchina senza dirmelo. Così, quando la polizia ha chiamato, io non sapevo cosa dire!

Mentre Susan rideva, squillò il telefono.

"Hello, this is Marco Perra speaking, how can I help you?"

Pronto, sono Marco Perra, come posso aiutarla?

"Sono io."

"Dimmi, Andreo."

"Niente, mi hanno dato il lavoro... eeeeeh sì, hanno visto quanto sono professionale e serio, per non parlare del mio fascino, della mia intelligenza e del mio modo di fare con la gente."

Marco sospettava che c'entrasse una donna: "Bravo, bravo" rispose.

"Are you talking to our Italian colleagues, Marco?"

Stai parlando con i nostri colleghi italiani, Marco?

Per un attimo il cuore di Marco si fermò. Chiuse subito la chiamata... era la voce del suo capo.

"No, sir."

No, signore.

"Please, make personal calls in your own time. Is that clear?"

Per favore, fai le chiamate personali fuori dall'orario di lavoro. È chiaro?

"Yes, sir... sorry, sir."

Sì, signore... scusi, signore.

Abbassando la testa, Susan cercava di nascondersi dietro il suo laptop.

"See? Even when I'm working he causes me problems!"

Vedi? Anche quando lavoro mi causa problemi!

Susan ricominciò a ridere.

"Please, Marco, I have to meet this famous brother of yours."

Ti prego, Marco, devo incontrare questo tuo famoso fratello.

"What??? Ok, come and eat with us tonight if you wish, but I warn you, you'll regret it!"

Cosa??? Ok, vieni a cena con noi stasera se vuoi, ma ti avverto, te ne pentirai!

On the computer

CHAPTER EIGHT

On the computer

Andreo entrò nell'Hotel Sloane Square per il suo secondo giorno di lavoro vestito con una maglietta aderentissima, un paio di jeans, le infradito e un gran sorriso in volto. Il sorriso scomparve nel momento in cui vide la faccia di Jimmy. Non sembrava felice.

"What do you think this is?! A holiday camp?" chiese Jimmy furioso.

Ma dove credi di essere?! Al centro estivo?!

Andreo era stupito.

"Come with me!"

Vieni con me!

Andreo lo seguì con la testa bassa. Gli sembrava di essere tornato indietro nel tempo; non si sentiva così da quando aveva otto anni, quando aveva rotto quel vetro a scuola. E mentre ripensava a quei pezzi di vetro per terra e al pallone che piano piano si sgonfiava, tutto è diventato buio.

E tutto sapeva di naftalina.

"Naftalina?! Ma può essere vero? È davvero possibile che 'sto vecchio mi abbia buttato una camicia in testa?!" pensò Andreo. Stava giusto aprendo la bocca per lamentarsi quando gli arrivarono in faccia anche un paio di pantaloni scuri e due pesanti scarpe nere.

"**Get changed**!" urlò Jimmy.

Cambiati!

Una volta cambiato, Jimmy presentò Andreo a Kristen, che faceva il turno del mattino.

"Kristen, I'd like you to help Andreo here... explain to him how to take bookings, check people in and out, the usual **stuff**."

Kristen, vorrei che aiutassi Andreo qui... spiegagli come prendere le prenotazioni, fare check in e check out, la solita roba.

Kristen guardò i nuovi vestiti di Andreo con interesse. "Italian style?"

Stile italiano?

Andreo guardò Jimmy. "Ma mi prende per il cu..."

"Sit down!" lo interruppe Jimmy.

Siediti!

Andreo si sedette accanto a lei, davanti al computer.

Andreo fissava lo schermo. "What's this?" chiese.

Che cos'è?

"This is the hotel management software. It's simple. This page shows which rooms are occupied. Look! You see... each **box** is a room, inside the box are the names of the guests. Look along the line and you see when they arrived, the date they will leave, extras they have asked for, the price of the room, any discounts and the final price. But don't worry, it is all automatic."

Questo è il software per la gestione dell'albergo. È semplice. Questa pagina mostra quali camere sono occupate. Guarda! Vedi... ogni casella è una stanza, nella casella ci sono i nomi degli ospiti. Guarda lungo la linea e vedi quando sono arrivati, la data in cui partiranno, gli extra che hanno richiesto, il prezzo della camera, eventuali sconti e il prezzo finale. Ma non preoccuparti, è tutto automatico.

"Automatic?" commentò Andreo, sollevato alla notizia che fosse automatico perché non ci stava capendo nulla.

"It's really simple... see this toolbar, it's a navigation bar. You click on reservations and this page comes up."

È davvero semplice... vedi questa barra degli strumenti? È una barra di navigazione. Clicca sulle prenotazioni e appare questa pagina.

Improvvisamente accadde qualcosa sullo schermo. I nomi e le date di arrivo per tre stanze si compilarono da sole.

"You see... it is automatic. We do nothing... most of the time. It's important only when someone comes in without a reservation. We book them in. And then checking out..." Kristen toccò la spalla di Andreo, spostò il mouse di nuovo sulla barra degli strumenti e cliccò l'icona Check out.

Vedi... è automatico. Non facciamo niente... per la maggior parte del tempo. È importante solo quando qualcuno arriva senza una prenotazione. Li registriamo qui. E poi il check out...

Andreo fissava con sguardo assente il monitor quando la pagina di check out apparve davanti a loro. "Here it is automatic, too. When a customer wants to pay his **bill**, you hit this button. See? This one where it says: 'PAYMENT'."
Anche qui è automatico. Quando un cliente vuole saldare il proprio conto, schiaccia questo bottone. Vedi? Questo con su scritto: "PAYMENT".

Andreo si guardava le scarpe: "Mamma mia, sono proprio orribili!".

"You click the 'PAYMENT' icon and the bill is printed over there... that's for the customer. They can check the details of extras and discounts. You ask them how they want to pay... but usually it is already written here. You see... it says 'credit card' and all the details are there. See?"
Clicchi sull'icona "PAYMENT" e il conto viene stampato là... quello è per il cliente. Possono controllare i dettagli degli extra e gli sconti. Chiedi loro come vogliono pagare... ma di solito è già scritto qui. Vedi... dice "carta di credito" e tutti i dettagli sono lì. Vedi?

Andreo non capiva quello che diceva Kristen, ma non era preoccupato perché sapeva che comunque avrebbe imparato guardando quello che faceva lei.
"So you ask for their credit card and put it in the card reader here... in this **slot**. See?"
Quindi chiedi la carta di credito e la metti nel lettore, qui... in questa fessura. Vedi?

Andreo notò che lei aveva una bocca bellissima. Tranne un dente un po' ribelle, che sembrava non volersi conformare agli altri. "Quel dente sono io" pensò Andreo. "Loro mi vogliono mettere in riga. Vogliono un sorriso perfetto, ma..."
"Then you enter the **figure** from the computer screen here, press here, here and here. Wait for the receipt, then ask the guest to sign, and you check the signature against their card or passport. Finally you give them their copy of the receipt and wish them a good day!" concluse Kristen facendo un grande sorriso ad Andreo. "See?"
Poi inserisci la cifra dallo schermo del computer, premi qui, qui e qui. Aspetti la ricevuta, poi chiedi al cliente di firmarla e controlli la firma con quella sulla carta o sul passaporto. Infine dai loro una copia della ricevuta e auguri una buona giornata! Vedi?

"Of course!" rispose Andreo.

Certamente!

"Sometimes we have e-mails to answer. People write and ask for details about the hotel facilities, sometimes they complain... Well, quite often, actually..."

Qualche volta abbiamo delle e-mail a cui rispondere. Ci scrivono chiedendo dettagli riguardo i servizi dell'albergo, qualche volta si lamentano... be', molto spesso, in realtà...

Kristen non aveva ancora finito. "Look..." continuò indicando di nuovo la barra di navigazione. "This is the E-mail icon... It's simple enough. We will now look at the Inbox and see if there are any new messages."

Guarda... Questa è l'icona delle e-mail... è abbastanza semplice. Ora guardiamo la posta in arrivo e vediamo se ci sono nuovi messaggi.

In quel momento Jimmy rientrò.

"How are you getting on here?" chiese.

Come va qui?

"We're just looking at the e-mails, sir" rispose Kristen.

Stiamo giusto guardando le e-mail, signore.

"That's great!" disse Jimmy. "Let's see what Andreo can do!"

Grande! Vediamo cosa sa fare Andreo!

LESSON

LEZIONE SUL COMPUTER

Computer lesson

THE DESKTOP

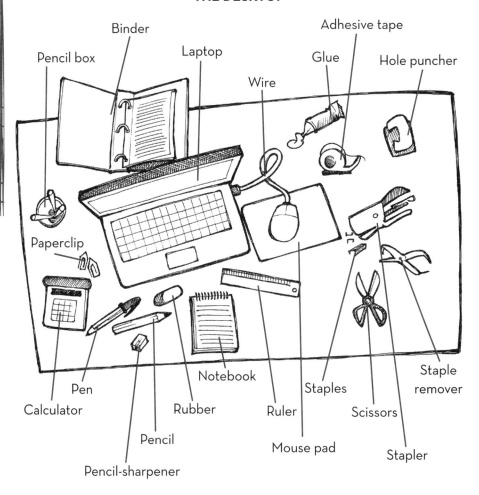

Binder

Adhesive tape

Pencil box

Laptop

Glue

Hole puncher

Wire

Paperclip

Pen

Calculator

Notebook

Staples

Staple remover

Rubber

Ruler

Scissors

Pencil

Mouse pad

Stapler

Pencil-sharpener

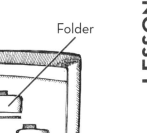

Screen

Desktop

Menu

Icon

Folder

Window

Cursor

Bin

Keyboard

Keys

Symbols

\ Backslash

! Exclamation mark

"" Quotation marks

£ Pound symbol

$ Dollar symbol

% Percent

& Ampersand

/ Slash

(Open bracket

) Close bracket

[ ] Square brackets

= Equals sign

? Question mark

' Apostrophe

hash key

* Asterisk

. Dot

, Comma

: Colon

; Semi-colon

... Ellipsis

- - Dash

@ At sign

^ Caret

° Degree

§ Section sign

¶ Pilcrow

© Copyright symbol

® Registered trademark

™ Trademark

à è ì ò ù... Stressed vowels

115

LESSON

ELABORAZIONE TRA LE NUVOLE
Cloud computing

Il mondo del lavoro sta cambiando molto rapidamente. La maggior parte delle aziende usa una *IT Network* (*Intranet*); per iniziare a lavorare, devi fare il *log in* (accesso) con *user name* (nome utente) e *password* (password, parola d'ordine) prima di avere accesso alle tue *folders* (cartelle) e ai *files* (documenti). Con questo sistema c'è un grande vantaggio: puoi lavorare ovunque tu sia, purché tu abbia a disposizione un computer collegato alla Intranet.

Oggi Internet offre una soluzione più economica e altrettanto pratica: il *cloud computing*. In sostanza, i programmi e i dati che ti servono per lavorare possono essere memorizzati in uno spazio che non si trova fisicamente sul tuo computer ma "tra le nuvole", cioè nella Rete. Servizi Internet come *Google Drive*, *Dropbox* e *Microsoft Skydrive*, poi, offrono dello *storage* (spazio di archiviazione) tramite Internet. Tanti servizi di questo tipo sono gratuiti, basta registrarsi online.

Il *cloud computing* ha l'enorme comodità di metterti a disposizione i files sempre; basta che tu possa collegarti a internet. Potrai usare una *application* o *app* (applicazione), cioè un programma, e vedere le tue cartelle e i documenti archiviati lì, direttamente sul tuo computer. Inoltre potrai anche condividere del materiale con altri utenti; questo è molto utile quando si lavora a distanza, più persone possono intervenire sugli stessi files e lavorarci insieme, tenendoli sempre aggiornati. Occhio però a non essere proprio tu il collega casinista che cancella qualche dato per sbaglio!

Generalmente c'è uno spazio di archiviazione gratuito (da 1 a 5 giga) ma puoi sempre richiederne in aggiunta, a pagamento.

Storage units	
Kilobyte (kB)	1,000 Bytes
Megabyte (MB)	1,000 Kilobytes
Gigabyte (GB)	1,000 Megabytes
Terabyte (TB)	1,000 Gigabytes

REGISTRAZIONE

Registration

Tantissimi siti Internet richiedono una registrazione; per accedere al servizio di *cloud computing*, per scaricare *plug ins* o *fonts*, per ottenere una nuova casella di posta elettronica ecc. Di solito il processo di registrazione online è molto semplice, quindi niente panico. Quando ti registri a un sito, devi *fill in a form* (compilare, riempire un modulo) comunicando *personal details* (dettagli personali) come nome, indirizzo e-mail, *user name* e *password*.

RICERCA

Research

Search engine è il modo in cui chiamiamo in inglese il "motore di ricerca". I più famosi del mondo sono *Google*, *Bing* e *Yahoo*. Sono facilissimi da usare. Nei siti troverai una *text box* (casella di testo) dove potrai scrivere le tue *key words* (parole chiave); poi devi solo cliccare il *search button* (pulsante "cerca"). Fatto questo devi solo aspettare che appaia sullo schermo la lista dei risultati. Puoi anche fare ricerche specifiche per *images* (immagini), *videos* (video), *maps* (mappe, cartine), *news* (notizie) ecc. Se hai quesiti da risolvere, dubbi o curiosità... o più semplicemente hai domande che ti vergogneresti a fare a chiunque, c'è una soluzione pure a questo. Infatti esistono siti come *Yahoo Answers* dove puoi fare domande di qualunque genere, su qualsiasi argomento.

Ma se ti capita di aver bisogno di un parere esperto o ti serve conoscere qualcosa più approfonditamente, puoi usare *Quora*: alle domande rispondono esperti qualificati e professionisti.

Si possono sottoscrivere dei servizi online tipo *Gartner Dataquest* che offrono dati e previsioni sui futuri andamenti dell'industria, prima che questi vengano riportati dai giornali.

COLLEGARSI IN RETE

Networking

È una parte importante del mondo del lavoro ai giorni nostri. Il servizio di *networking* (creazione di una rete di contatti) più conosciuto si chiama *LinkedIn*, in cui i professionisti possono registrarsi, accedere a *discussions* (discussioni), *join groups* (entrare a far parte di gruppi) e trovare altri professionisti o perfino nuovo personale da assumere. Succede spesso che questi servizi siano utilizzati da *head hunters* (cacciatori di teste) alla ricerca di potenziali candidati per la propria azienda o per delle collaborazioni.

GLOSSARIO BASE DEL COMPUTER

Basic computer glossary

HARDWARE

Ci sono diversi tipi di computer che si distinguono per dimensione e utilizzo:
Mainframe – Computer potente che gestisce la rete aziendale e archivia dati
Workstation – Computer collegato al *mainframe*, usato dagli impiegati
PC – **Personal Computer** – Computer individuale per una piccola azienda (o per uso domestico)
Laptop, **Notebook**, **Netbook** – Computer portatili di diverse dimensioni
Tablet – Piccoli computer dotati di *touch screen* che non hanno tastiera né mouse
Palm top / **PDA** – Piccolissimi dispositivi portatili, oggi obsoleti vista la diffusione degli *smartphones*

SOFTWARE

Data – I dati del tuo computer sono contenuti in un *hard disk*

Folder – La cartelletta che contiene i *files*

File – Il singolo documento contenente i dati (può trattarsi di immagini, parole, numeri, suoni eccetera)

Ci sono numerosissime tipologie di file, identificabili dalla *filename extension* (cioè l'estensione del file, quelle lettere – generalmente tre – che seguono il punto alla fine del nome del file). Le più comuni sono:

DOC – Documento di testo

JPG / PNG / GIF – Documento di immagine

MP3 / WAV – Documento di suono

PDF – Formato di documento speciale, specifico per la stampa e ottimo per la trasmissione via e-mail

INTERNET TERMS

Browser – Programma usato per navigare in Internet, cioè per visualizzare i siti Web

Downloading – Scaricare i files dalla Rete al tuo computer

Uploading – Caricare i files dal tuo computer alla Rete

Firewall – Sistema di sicurezza progettato per proteggere un sistema collegato alla Rete da accessi non autorizzati

HTML (Hypertext Markup Language) – Il linguaggio informatico che viene utilizzato per il Web

URL (Uniform Resource Locator) – L'indirizzo per accedere alla visualizzazione di un file in Internet

Links – Le connessioni alle diverse pagine Web

Server – Sistema informatico che gestisce dati e informazioni trasmesse in Rete

GLOSSARY

GET CHANGED – Cambiarsi (d'abito). *To change* invece significa "cambiare"

STUFF – Roba, una parola generica che serve per indicare di tutto. Quando non sai il nome di qualcosa, usa *stuff* che va sicuramente bene

BOX – In questo caso vuol dire casella; più genericamente *box* è una scatola. Attenzione, è un *false friend*! Quello che in italiano è il box (per la macchina), in inglese si chiama *garage*

BILL – Il conto; al bar o al ristorante è lo scontrino

SLOT – Fessura. Le *slot machines* prendono il nome dalla fessura in cui si inseriscono le monete o i gettoni

FIGURE – Attenzione, bisogna interpretare bene questo *false friend*! È vero che *figure* significa anche "figura, forma", ma se si sta parlando di soldi o numeri, allora indica la cifra numerica

Writing
e-mails

Writing e-mails

"Ma perché sei così arrabbiato?" gridò Andreo dal bagno.

"Perché mi hai chiamato al lavoro per non dirmi niente e il capo mi ha sgamato. Non potevi mandarmi un'e-mail?... e poi non parlarmi quando sei seduto sul water... mi dà fastidio!" rispose Marco.

"Anche tu che mi rompi le scatole con queste e-mail?" chiese Andreo.

"Eh?" ribatté Marco.

"Niente... devo rispondere io alle e-mail al lavoro, in inglese" rispose Andreo mentre tentava di guardarsi allo specchio ancora appannato dal vapore della doccia.

"E dov'è il problema?" chiese Marco.

Mentre il vapore svaniva pian piano dal centro dello specchio, rivelando il suo affascinante volto, Andreo si ammirava. Era tutto preso dalla sua bellissima immagine riflessa quando qualcuno spense la luce. "Cos'è successo?!" urlò spaventato.

Poi arrivò una nuvola di profumo.

"Ma mi ha davvero buttato una delle sue camicie in testa? E adesso mi sta davvero spruzzando col suo nuovo profumo?!" pensò Andreo.

"Vestiti, dobbiamo uscire!" gli disse Marco. Andreo, tornando alla luce, gli chiese: "Dove dobbiamo andare?". E Marco: "C'è qualcuno che ti vuole conoscere".

"No, non posso, stasera devo studiare come si scrivono le e-mail" disse Andreo.

"È una bella inglesina con le gambe lunghe..."

"Dove sono le mie scarpe?" rispose subito Andreo.

In quel momento squillò il telefono. Rispose Andreo, era Jimmy.

"Andreo, Kristen is ill."

Andreo, Kristen è malata.

"IL cosa?" rispose Andreo.

"She isn't well. You will have to take her place at the reception tomorrow and there are many e-mails to answer" conclude Jimmy.

Non sta bene. Devi prendere il suo posto alla reception domani e ci sono molte e-mail a cui rispondere.

Andreo riagganciò: "Oh mamma mia!".

"Cosa c'è?" chiese Marco mettendosi la giacca.

"Non posso venire. Devo capire bene come si scrivono le e-mail perché domani sarò da solo al lavoro."

Marco si tolse la giacca e prese il suo cellulare: "Susan?".

"Yes, it's me, Marco."

Sì, sono io, Marco.

"I'm really sorry but we can't **make it** tonight. Could you **fit us in** tomorrow night, maybe...? Ok, we'll talk about it tomorrow" le disse Marco e poi conclude: "Forgive me for the short **notice**".

Sono molto dispiaciuto ma non ce la facciamo stasera. Possiamo fissare per domani sera, forse...? Ok, ne parliamo domani. Perdonami per lo scarso preavviso.

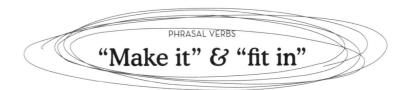

"Make it" & "fit in"

MAKE IT

Marco: **"I'm really sorry but we can't make it tonight"**.

Il verbo *to make* ha molti significati, ma in questo caso vuol dire che hai un problema con l'orario o il giorno fissato per un appuntamento. Sei vuoi cambiare la data di un appuntamento puoi dire: **"I can't make it on Wednesday. What about Thursday?"**.
Non ce la faccio mercoledì. Cosa ne dici di giovedì?

To make si traduce principalmente con "fare" nel senso di creare qualcosa.
Ferrari makes fast cars, Andreo makes a mess wherever he goes, his mother makes him a cake on his birthday.
La Ferrari fa auto veloci, Andreo fa casino ovunque vada, sua madre gli fa una torta per il suo compleanno.

Nel mondo del lavoro, *make* si usa in molti modi.
People make money, cioè la gente guadagna, fa i soldi... anche se ci sono certi furbacchioni che realmente *"make money"*, nel senso che stampano soldi falsi.

False friend alert! *In business people make appointments*, cioè si accorda su luogo, giorno e ora di un incontro. Se vuoi invitare fuori una donna (o un uomo) per un appuntamento galante però, non puoi parlare di *appointment*... quello si chiama *date*. Oltre che nell'ambito lavorativo, parli di *appointment* anche per indicare l'appuntamento fissato col dottore o col dentista.

To make significa anche obbligare, cioè far fare qualcosa a qualcuno:
Mrs Perra made Marco take Andreo to England.
La signora Perra ha costretto Marco a portare Andreo in Inghilterra.

Infine significa anche causare qualcosa, far accadere:
The smile on Ms Peters' face made Andreo very nervous.
Il sorriso sulla faccia della signora Peters ha fatto agitare molto Andreo.

FIT IN

Marco: **"Could you fit us in? Tomorrow night, maybe?"**.

Il verbo *to fit in* significa inserire qualcosa in calendario.
Il tuo dentista potrebbe dirti: **"I can fit you in tomorrow"**.
E pensare che tu avevi disdetto l'appuntamento perché *you couldn't make it*,
avevi paura... ma lui ti ha già trovato posto per domani.

Il verbo *to fit* si traduce letteralmente con "andar bene". Se una cosa *fits* è adatta, idonea, giusta.

Andreo's new jacket fit perfectly, era della misura giusta.

The water at Sloane Square Hotel wasn't fit to drink, l'acqua non era potabile.

A person is a fit candidate quando ha le caratteristiche giuste per quel lavoro.
It is important that you fit in when you get a new job, cioè devi adattarti al nuovo
ambiente di lavoro e ai colleghi.

Nella Comunità Europea tutti i prodotti devono essere *fit for purpose*, cioè
adatti alla funzione per cui sono stati creati e venduti. Se un prodotto non è *fit
for purpose*, il cliente può chiederne il rimborso al produttore.

NOTA BENE

"Notice" & "notify"

NOTICE

Marco: **"Forgive me for the short notice"**.

Notice in questa frase significa "avviso", mentre *short* significa "breve", quindi *short notice* significa "scarso preavviso". Questa forma si usa anche quando qualcuno viene licenziato: *a company must give an employee two weeks notice*. *Una ditta deve dare all'impiegato un preavviso di due settimane.*

Notice è anche un cartello (tipo "Vietato fumare").
In un ufficio ci può essere un *notice board* su cui si possono appendere avvisi o appunti.

Notice, come verbo, significa "notare" o "accorgersi".
"Did you notice the new restaurant across the road?"
Hai notato il nuovo ristorante dall'altra parte della strada?

"Did anyone notice that Susan was late again?"
Qualcuno si è accorto che Susan era nuovamente in ritardo?

NOTIFY

Questo verbo significa "avvisare".
"I'm writing to notify you about the changes on our price list."
Scrivo per informarvi delle variazioni nel nostro listino prezzi.
E se devi denunciare un furto, allora *you notify the Police*.

SCRIVERE E-MAIL

Writing e-mails

Vorrei dedicare un po' di tempo a parlare delle e-mail, perché per la loro importanza se lo meritano.

E-mail ben scritte ed efficaci sono fondamentali per qualsiasi lavoro.

Per me non ci sono regole rigide su come scrivere una e-mail, perché comunque, come le lettere, rimangono cose personali, nel senso che ogni persona ha il proprio modo di scrivere e ognuno deve sentirsi a proprio agio nella scrittura. Però ci sono delle cose molto importanti da sapere: le e-mail non sono lettere, quindi tante regole che si applicavano nella scrittura delle lettere, non vanno necessariamente applicate in questo caso.

Un bell'inglese è un inglese semplice e conciso. È anche per questo che è perfetto nel mondo del lavoro moderno.

LESSON

ELENCO

Checklist

BREVITY

Mantieni il testo della tua e-mail più corto possibile; cerca di evitare inutili giri di parole e vai dritto al sodo.

CLARITY

Scrivi frasi brevi e semplici, con parole e frasi chiare e concrete; separa le informazioni in paragrafi diversi.

DIRECTNESS

Inizia subito le tue e-mail con quello che devi chiedere o con le risposte che devi dare e se devi fornire spiegazioni, fallo in modo diretto e semplice.

OPENNESS

Scrivi come se avessi davanti a te il destinatario usando un linguaggio colloquiale e amichevole, rispondi presto alle e-mail (senza far aspettare troppo); dimostrati sempre disponibile.

"Guarda che scrivere le e-mail in inglese non è poi così difficile" disse Marco. "Non è come scrivere una lettera, non ci sono lunghe introduzioni formali o frasi elaborate, anzi! Puoi scrivere come se stessi parlando a voce a quella persona." "Davvero? Ma io non ci capisco niente lo stesso..." ribatté Andreo.

"Ricorda due cose importanti: quando scrivi una e-mail devi essere chiaro e conciso. Scrivi solo quello che è indispensabile e niente di più" gli consigliò Marco. "Mantieni il linguaggio semplice e scrivi frasi brevi. Se poi dividi il testo in tre parti è ancora meglio. All'inizio metti il succo del discorso, cioè brevemente quello che devi dire o le risposte che ti hanno chiesto. Poi nella seconda parte scendi un po' più nello specifico e, se ci sono molti dettagli, li puoi sintetizzare con un elenco puntato. Poi concludi l'e-mail. Guarda, leggi questo."

Marco prese un foglio dalla borsa del computer e lo mostrò ad Andreo.

TOP TIPS FOR WRITING E-MAILS

1. Ci sono tre tipi di destinatari per le e-mail:

To: chi deve leggere e rispondere all'e-mail

CC (Carbon Copy): chi può essere interessato all'e-mail ma non è tenuto a rispondere

BCC (Blind Carbon Copy): destinatari non visibili agli altri... usare con cautela!

2. Nel campo **Subject** scrivi qualcosa di significativo: dettagli importanti come date, luoghi o numeri di riferimento.

3. Frasi di apertura e chiusura. Dipendono dal livello di formalità dell'e-mail.

E-mail informale
(per gli amici o colleghi con cui hai confidenza):

Opening: Hi Mary / Hello Mary / Dear Mary

Signing off: (Many) Thanks! / Yours / Cheers / All the best / See you soon / Talk soon / Take care / Speak soon

---

Se stai avendo una fitta conversazione botta e risposta, puoi evitare di ripetere queste formule.

E-mail formale

Opening:

Dear Mr. / Ms Biggs (se conosci il nome del destinatario)

Dear Sir / Dear Madam / Dear Sir or Madam / To whom it may concern (se non conosci il nome del destinatario)

Ms ha sostituito gli antiquati titoli Mrs e Miss che ora sono considerati fuori moda e sessisti, visto che indicano se una donna è sposata oppure no: questa distinzione non è mai esistita nel modo di rivolgersi agli uomini.

Signing off:

Best Regards – un modo formale per dire "ciao"

Kind Regards – conclusione gentile

Warm Regards – la conclusione formale più affettuosa

Sincerely – fa capire che prendi seriamente quello che hai scritto nell'e-mail

4. The body of the e-mail: il messaggio.

Sii conciso e preciso; segui la regola dei tre paragrafi.

Inizia con la domanda, la risposta o quello che devi comunicare.

Nel secondo paragrafo fornisci i dettagli, usando frasi corte. Se hai tante informazioni da comunicare, puoi raccoglierle in un elenco puntato.

Concludi ringraziando ed eventualmente dai indicazioni per la risposta che ti aspetti di ricevere. Per esempio:

Thank you very much for...

I would like to thank you for...

If you require further information, please don't hesitate to get in touch.

I look forward to hearing from you in the near future.

I look forward to receiving your...

5. Signing Off: la firma

Nella firma ricordati di includere tutte le informazioni utili al destinatario per poterti nuovamente contattare, come il tuo nome completo, numero di telefono e indirizzo (se necessario).

John Peter Sloan
Writer, Teacher

Sloan Unlimited
Website: www.jpscuola.it
E-mail: johnsloan@libero.it
Telephone: +44 (0) 1 234 5678

6. Proofreading: controlla l'e-mail prima di inviarla

Rileggi quello che stai per inviare per controllare sia il contenuto, sia la grammatica e gli eventuali errori di battitura. Leggere l'e-mail a voce alta può essere d'aiuto per capire se tutto è scritto bene.

Andreo era un po' sconfortato. "Bello, tutto bello… ma io come faccio? Anche se mi spieghi le cose in generale, io ho bisogno di esempi reali! Capisci?"

"Allora ci servirebbero delle e-mail dell'hotel… cose a cui dovresti rispondere" disse Marco. "Ci sono! Dài, ti scrivo io qualche e-mail finta e tu provi a rispondere, ok?"

LAMENTELE
Complaints

Subject: Sloane Square Hotel

To whom it may concern,

We were very disappointed in the service and treatment we received at your hotel. The bed linen was dirty, the bathroom unclean and the attitude of the staff very unhelpful and rude.

We will not be returning to your establishment, you can be sure of that! I am writing this e-mail simply to inform you of the terrible time we were forced to suffer thanks to your ineptitude and inefficiency.

Regards

James Valdorf Esq.

Oggetto: Sloane Square Hotel
A chi di competenza,
Siamo rimasti molto delusi dal servizio e dal trattamento che abbiamo ricevuto presso il vostro albergo. Le lenzuola erano sporche, il bagno non era pulito e l'atteggiamento del personale davvero scortese e di nessun aiuto.
Non torneremo presso la vostra struttura, siatene certi! Vi sto scrivendo questa e-mail solo per informarvi dei momenti terribili che siamo stati costretti a passare per colpa della vostra inattitudine e inefficienza.
Saluti
James Valdorf Esq.

ANDREO'S REPLY

Subject: Re: Sloane Square Hotel

Dear Mr. Valdorf,

We very sorry but inform you that du to your subject line negligente, we will never answere your e-mail, insted it is lost in our database foever.

Andreo Perra

Sloane Square Hotel
Website: www.sloanesquarehotel.co.uk
E-mail: bookings@sloanesquarehotel.co.uk
Telephone: +44 (0) 1 349 24981

Versione corretta: "We are very sorry to inform you that due to your subject line negligence, we will never answer your e-mail; instead it will be lost in our database forever". - Siamo molto dispiaciuti di informarla che a causa della negligenza con cui ha scritto l'oggetto di questo messaggio, non risponderemo mai alla sua e-mail; invece sarà persa nel nostro database per sempre.

Marco sorrise. "Bella! Almeno hai letto tutti i *Top tips*... sono molto colpito!" Andreo era soddisfatto del suo lavoro.
"Però... ci sono un sacco di errori grammaticali e di battitura. Ci vuole un attimo se usi la correzione automatica che c'è nel software. It's a piece of cake!"
"Piece of cake? Time for a break... bell'idea!" esclamò Andreo mentre si alzava, ma Marco lo spinse indietro sul divano.
"Non ora. *Piece of cake* è solo un'espressione per dire che una cosa è molto semplice. Ti do un consiglio... hai scritto 'negligente', giusto? In inglese si dice *negligent*, quindi bastava che togliessi la 'e' alla fine della parola... Comunque, hai fatto bene sia l'inizio che la fine, bravo!"

Mentre Marco parlava, Andreo si specchiava sornione nel riflesso dello schermo del computer. Marco aggiunse: "Qui puoi usare il metodo del sandwich...".
"Allora mangiamo?" Andreo non capiva perché Marco continuasse a nominare cose da mangiare.
"Smettila di pensare al cibo e ascoltami. Il metodo del 'panino' è perfetto per quando devi dare brutte notizie con una e-mail. Prima fetta di pane: fai un'introduzione positiva. Poi in mezzo ci metti la sostanza, il vero problema. Poi chiudi il panino con la bella notizia di come hai risolto la situazione. Guarda come risponderei io a questa e-mail di lamentele."

MARCO'S REPLY

Subject: Re: Sloane Square Hotel

Dear Mr. Valdorf,

We are very sorry to hear about your experience at Sloane Square Hotel and would like to offer you a twenty per cent discount on your next booking with us.

We were very sorry to hear the terrible treatment and conditions you found at our hotel. We must admit that standards here had dropped, and I can assure you that we are taking immediate action to remedy all the shortcomings you outlined in your e-mail. We welcome your comments as they help us to improve our service. We have no excuses for the behaviour of the staff involved.

Let me thank you again for taking the time to tell us about the problems you encountered during your stay at Sloane Square Hotel, and we sincerely hope that you will take advantage of our generous discount offer in the near future.

Sincerely
Andreo Perra

Oggetto: Re: Sloane Square Hotel

Gentile Mr. Valdorf,

Siamo molto dispiaciuti nell'apprendere della sua esperienza all'albergo Sloane Square e vorremmo offrirle uno sconto del 20 per cento sulla sua prossima prenotazione presso la nostra struttura.

Siamo molto dispiaciuti nell'apprendere del terribile trattamento e delle condizioni trovate nel nostro albergo. Dobbiamo ammettere che gli standard sono un po' calati, e posso assicurarle che prenderemo dei provvedimenti immediati per rimediare a tutte le manchevolezze che lei ha sottolineato nella sua e-mail. I suoi commenti sono ben accetti poiché ci aiutano a migliorare il nostro servizio. Non abbiamo scuse per il comportamento del personale coinvolto.

Mi permetta di ringraziarla ancora per aver dedicato del tempo a comunicarci dei problemi incontrati durante la sua permanenza all'albergo Sloane Square, e speriamo sinceramente che lei voglia approfittare della nostra generosa offerta di sconto nell'immediato futuro.

Cordiali saluti

Andreo Perra

"La prossima... andiamo avanti con questa e-mail di richiesta di informazioni" proseguì Marco.

FARE UNA RICHIESTA
Making a request

Subject: Does Sloane Square Hotel give discounts to large groups?

Dear Sir,

I would like to know if you offer special discounts for groups. The booking would be for 15 people staying 7 nights.

We don't require full board, but we plan to have lunch and dinner at your hotel on several days. Would you also offer a special rate for meals?

Please reply as soon as possible so we can confirm our plans.
Best regards

Jack Rider

Oggetto: L'Albergo Sloane Square offre sconti per gruppi numerosi?
Egregi signori,
Vorrei sapere se offrite sconti speciali per gruppi. La prenotazione sarebbe per 15 persone per un soggiorno di 7 notti.
Non richiediamo trattamento di pensione completa, ma abbiamo in programma di pranzare e cenare presso l'albergo diversi giorni. Offrite anche tariffe parti-colari per i pasti?
Chiedo cortesemente di rispondere il prima possibile cosicché possiamo con-fermare i nostri piani.
Cordiali saluti
Jack Rider

"Boh... dovrei chiederlo alla signora Peters! Non lo so se fanno sconti per le comitive..." disse Andreo con aria perplessa.

"Be', inventa, no? Rispondi che ne dovete parlare, non accordargli lo sconto immediatamente" suggerì Marco.

ANDREO'S REPLY

Subject: Re: Does Sloane Square Hotel give discounts to large groups?

Dear Mr. Rider,

Thank you for your e-mail where you ask for discount.
I should be happy to talk on the phone soon because we must discuss.

Call me!

Best regards, cheers.
Andreo Perra

Sloane Square Hotel
Website: www.sloanesquarehotel.co.uk
E-mail: bookings@sloanesquarehotel.co.uk
Telephone: +44 (0) 1 349 24981

Versione corretta: "Dear Mr. Rider, thank you for your e-mail in which you ask for a discount. I would be happy to talk about this on the phone soon so we can discuss the possibility of a discount.
Please feel free to call us! Best regards." – Caro Mr. Rider, la ringrazio per l'e-mail in cui ci chiede uno sconto. Sarei lieto di parlarne al telefono presto cosicché possiamo discutere della possibilità di uno sconto. La prego di sentirsi libero di chiamarci! Cordiali saluti.

"Mmmmm... very nice!" rise Marco "ma ci sono un po' di cose da sistemare. Ricorda che *should* vuol dire dovrei e di solito è un verbo che si usa per dare buoni consigli, tipo: "You should stop smoking". Avresti dovuto scrivere "I will be happy to talk...""

Poi c'è un altro problema. *Discuss* è transitivo..."

"Transitivo? Cosa vuol dire, tipo quando un treno non si ferma in stazione?" domandò Andreo.

"No. Non puoi dire solo *we must discuss* e basta, devi dire anche cosa dovete discutere... in questo caso dovete discutere dello sconto che chiedono. E poi scusa... dov'è che hai imparato *cheers*?"

"Down the pub, of course... know what I mean, mate?"

MARCO'S REPLY

Subject: Re: Does Sloane Square Hotel give discounts to large groups?

Dear Mr. Rider,

Thank you for your enquiry about our hotel.

I'm sure we can offer you a good discount on your booking. We can discuss a further discount on the meals you decide to have at our hotel.

Please contact us at the number below when it is convenient for you. We look forward to receiving your call in the near future.

Kind regards

Andreo Perra

Oggetto: Re: L'Albergo Sloane Square offre sconti per gruppi numerosi?
Gentile Mr. Rider,
Grazie per la richiesta rivolta al nostro albergo.
Sono certo che possiamo offrirle un buon sconto sulla prenotazione. Possiamo discutere di un ulteriore sconto riguardo i pasti che deciderete di consumare nell'albergo. Per favore ci contatti al numero in calce quando le è più comodo. Aspettiamo impazienti una sua chiamata nell'immediato futuro.
Cordiali saluti
Andreo Perra

PING!
Marco guardò il suo computer.
"Mi è appena arrivata un'e-mail!" disse.

Dear Marco,
I'm sorry we couldn't go out tonight; I was really looking forward to it.
If you'd like to make it tomorrow night, I'd be very happy.
P.S. You don't have to bring your brother; if you come alone I'll be even happier!

Caro Marco,
Mi spiace che non siamo riusciti a uscire stasera, davvero non vedevo l'ora.
Se ti andasse bene domani sera, ne sarei molto felice.
P.S. Non sei costretto a portare tuo fratello, se venissi da solo sarei anche più contenta!

Marco guardava lo schermo incredulo.
Andreo era confuso: "Cos'è successo???".

Nel **TOOLKIT** alla fine del libro troverai un utile elenco di abbreviazioni; ricorda che queste abbreviazioni non vanno mai usate nelle e-mail formali; generalmente si usano negli SMS ma potresti anche utilizzarle nelle e-mail informali.

Exercise

Rispondi a queste e-mail.

1. JOB REQUEST

Subject: Application for chef vacancy

Dear Sir or Madam,

I would like to apply for the position of chef I saw advertised in the "London Gazette" classified section.

I am a qualified chef with five years experience in various hotel and restaurant kitchens in London and Luton. I have worked in some of London's best restaurants, including the Hilton Hotel and Jamie Oliver's Italian. I have attached my CV to this e-mail and can supply references if necessary.

Thank you for considering my application. I look forward to meeting you and discussing my experience and ideas in the near future.

Kind regards

Arnoldo Olivieri

Questi sono i punti che devi includere nella tua risposta:

1. Thank him for his application
2. You're interested in meeting him
3. Ask him to ring to arrange a meeting

2. BOOKING

Subject: Reservation request – Mr. Mills – Jan 10-14

Dear Sloane Square Hotel,

We'd like to book a double room at Sloane Square Hotel from January 10th to 14th. I saw on your website that a double room costs £80 a night and includes breakfast. Is that correct?

And do you have a restaurant on the premises? If so, do you serve traditional English dishes?

Thanks,

George Mills

Questi sono i punti che devi includere nella tua risposta:

1. Price £80 per night (including breakfast)
2. Double or twin room available
3. Traditional English cuisine from 17.30 to 21.00 / buffets at midday
4. You can book by e-mail / telephone / online

On the telephone

CHAPTER TEN

On the telephone

Marco si fermò fuori dalla porta del suo ufficio e fece un respiro profondo. "Come faccio a guardarla negli occhi? Cosa le dirò?" pensava. Era un po' imbarazzato all'idea di rivedere Susan.

Mentre pensava squillò il suo cellulare.

Era Andreo, voleva sapere se quel pomeriggio si sarebbero visti, ma in realtà voleva chiedergli una cosa riguardo le e-mail. Marco era davvero sorpreso di vedere quanto seriamente Andreo stava prendendo il suo lavoro.

Appena entrato in ufficio, Marco guardò il cellulare e... cavoli, aveva perso una chiamata di Susan! Un secondo più tardi gli arrivò un SMS: "You have a voice-mail. Please ring 2121 to hear your message". Marco compose il numero.

C'è un nuovo messaggio vocale. Per sentirlo chiami il numero 2121.

"Hi Marco, this is Susan. Listen, something has **cropped up** and I can't make it to work this morning. Would you please answer my telephone for me? I'm expecting a very important call... maybe you could just take messages for me. I hope that's OK. Thanks!"

Ciao Marco, sono Susan. Ascolta, ho avuto un imprevisto e non ce la faccio a venire al lavoro stamattina. Per favore potresti rispondere al mio telefono? Aspetto una telefonata molto importante... magari potresti giusto prendere i messaggi per me. Spero che per te non sia un problema. Grazie!

"Cosa sarà successo?" si domandava Marco. Immediatamente le mandò un SMS di risposta: "Yes, of course. I'll see you later".

Sì, certamente. Ci vediamo dopo.

Non ebbe molto tempo per stare lì a pensare a Susan perché il telefono di lei iniziò a squillare. Al quarto squillo, si avvicinò alla scrivania e sollevò la cornetta.

"Hello, Rispa International. How can I help you?" disse.

Pronto, Rispa International. Come posso aiutarla?

"This is Martin Styles, Tulox Digital here. I was **looking for** Susan Pritchard actually."

Sono Martin Styles, Tulox Digital. In realtà stavo cercando Susan Pritchard.

"I'm afraid she isn't in her office at the moment. Can I take a message?" rispose Marco.

Purtroppo non è in ufficio in questo momento. Posso prendere un messaggio?

"Yes, thanks. Tell her I confirm our meeting at the Birmingham trade fair. We agreed on the second day at 10 in the morning."

Sì, grazie. Le dica che confermo il nostro incontro alla Fiera di Birmingham. Eravamo d'accordo per il secondo giorno di fiera alle dieci del mattino.

"OK. So 10 a.m. on the second day. Your name is Martin Stiles.
Is that Stiles with an "i"?"

OK. Allora alle dieci, il secondo giorno. Il suo nome è Martin Stiles.
Stiles con la "i"?

"No, it's S-T-Y-L-E-S."

No, è S-T-Y-L-E-S.

"S-T-Y-L-E-S. **Got it**. Would you like her to call you back?" gli chiese Marco.

S-T-Y-L-E-S. Ricevuto. Vuole essere richiamato da Susan?

"That would be perfect. She has my number."

Sarebbe perfetto. Lei ha già il mio numero.

"OK, Martin. I'll get her to call you as soon as she arrives. Bye."

D'accordo, Martin. La farò richiamare non appena Susan rientrerà in ufficio. Arrivederci.

"Thanks, bye."

Grazie, arrivederci.

Marco lasciò un appunto sulla scrivania di Susan. Una lunga mattinata lo stava attendendo!

TELEFONATE

Telephone calls

Vai nel panico quando suona il telefono e dall'altra parte c'è qualcuno che parla in inglese? La reazione immediata di Andreo sarebbe quella di riagganciare, ma suo fratello gli ha insegnato a dire: **"Speak slowly, please"**.

Perché parlare al telefono in inglese è così traumatico per tante persone? Perché generalmente un madrelingua parla troppo velocemente. Non lo fanno apposta per farti un dispetto, solo che spesso non se ne rendono conto. E se tu non dici niente, loro non sanno che per te è un problema.

La soluzione è semplice: se non capisci, intervieni usando una di queste frasi:

"Sorry, I don't understand. Could you speak more slowly, please?"
Mi spiace, non capisco. Potrebbe parlare più lentamente, per favore?

oppure

"Please, could you repeat that slowly? I don't understand."
Per favore, può ripeterlo lentamente? Non capisco.

o anche

"Could you speak more slowly, please? I'm still learning..."
Potrebbe parlare più lentamente, per favore? Sto ancora imparando...

Questa frase è particolarmente efficace perché dimostra che ti stai impegnando a imparare l'inglese. Dall'altra parte del filo troverai di sicuro persone che apprezzano il tuo sforzo e per questo saranno ben disposte ad aiutarti pazientemente.

Due consigli importanti:

RIPETI
Repeat

Se durante una conversazione stai prendendo appunti per segnarti un'informazione importante, un nome, un numero o un indirizzo, ripeti ogni parola o numero che ti viene detto. Se hai bisogno dello *spelling* di una parola, ripeti ogni lettera (puoi chiedere che venga usato l'*International Phonetic Alphabet* che trovi nel **TOOLKIT** alla fine del libro).

Perché è utile usare questa tecnica? Innanzitutto, l'altra persona capirà che stai scrivendo quello che dice, quindi automaticamente parlerà più piano. Bel risultato, no? E poi questo dimostra che stai dando importanza a quello che ti viene detto, l'altra persona lo apprezzerà di certo.

Per chiedere di fare lo *spelling* puoi usare una di queste frasi:
Could you spell that, please?
How do you spell that, please?

Spesso è davvero necessario chiedere di ripetere lettera per lettera un nome o un indirizzo; in questi casi è molto utile utilizzare l'*International Phonetic Alphabet*. Ti permette di capire le lettere dell'alfabeto con esattezza, perché ci sono delle differenze di pronuncia anche delle singole lettere in base alla nazionalità di chi parla.

Ecco un esempio, per "Roma" dovresti dire: **"It is spelt R for Romeo, O for Oscar, M for Mike, A for Alpha"**.

YES, MY BROTHER'S NAME IS MARCO: P FOR PAPA, I FOR INDIA, R FOR ROMEO, L FOR LIMA, A FOR ALPHA.

NON FINGERE

Don't pretend

Non far finta di aver capito, se in realtà non stai capendo nulla... Chiedi alla persona con cui stai parlando di ripetere più volte finché non sei sicuro di aver compreso bene le sue parole. Non sentirti in imbarazzo, chiedi pure di ripetere senza paura. Chi ti sta parlando deve comunicarti qualcosa e vuole essere certo che ti sia tutto chiaro, quindi quando gli chiederai di ripetere la seconda volta parlerà sicuramente più piano. È una leggenda che gli inglesi e gli americani si irritano se uno non capisce, anzi apprezzano molto quando qualcuno dimostra di ritenere importante quello che stanno dicendo e vuole capirlo bene.

FRASI UTILI

Useful phrases

Qui trovi un elenco di frasi utili comunemente usate nel mondo del lavoro.

PER RISPONDERE AL TELEFONO

Hello, this is Marco Perra.
Pronto, sono Marco Perra.

Good morning, Marco Perra speaking.
Buongiorno, sono Marco Perra.

Hello, this is the Sales Department.
Pronto, reparto vendite.

Hello, Rispa Sales. Can I help you?
Pronto, Rispa vendite. Posso aiutarla?

150

Good morning, Marco Perra's office. How can I help you?
Buongiorno, ufficio di Marco Perra. Come posso aiutarla?

Good afternoon, Rispa International. How can I be of assistance?
Buon pomeriggio, Rispa Internationale. Come posso esserle utile?

PER IDENTIFICARTI ALL'INIZIO DI UNA TELEFONATA
This is Marco Perra, International Sales Manager with Rispa, London.
Sono Marco Perra, direttore commerciale per l'Europa di Rispa, Londra.

PER SPIEGARE LA RAGIONE PER CUI CHIAMI
I'm calling about...
Chiamo riguardo...

PER CHIEDERE IL NOME DI CHI STA CHIAMANDO
Who's speaking, please?
Chi parla, per favore?

Who am I speaking to?
Con chi sto parlando?

Could you give me your name, please?
Potrebbe lasciarmi il suo nome, per favore?

May I ask who is calling?
Posso chiedere chi sta chiamando?

Who shall I say is calling?
Chi devo dire?

PER CHIEDERE DI STARE UN ATTIMO IN ATTESA
Please hold.
Per favore attenda in linea.

Hold on, please.
Attenda in linea, per favore.

Just a moment, please.
Solo un attimo, per favore.

PER CHIEDERE DI PARLARE CON QUALCUNO

I'd like to speak to Marco Perra, please.
Vorrei parlare con Marco Perra, per favore.

Could I speak to Marco Perra?
Potrei parlare con Marco Perra?

Could you **put me through** to Marco Perra, please?
Potrebbe passarmi Marco Perra, per favore?

Se vuoi sapere se qualcuno è in ufficio, invece, dovresti chiedere:
Is Marco in his office?
Marco è in ufficio?

Non puoi dire soltanto *in office* perché in inglese questa espressione significa
"in carica". *President Obama is "in office"*: è l'attuale presidente degli Stati Uniti.
Ricorda sempre di aggiungere l'aggettivo possessivo (*his* oppure *her*; o *its* se è
un uomo confuso...). Oppure puoi anche dire semplicemente:
Is Marco there?
C'è Marco?

PER CHIEDERE DEI DETTAGLI

Could you give me your address, please?
Potrebbe darmi il suo indirizzo, per favore?

Could you give me the reference code, please?
Potrebbe darmi il codice di riferimento, per favore?

PER CONTROLLARE I DETTAGLI

Could you repeat that, please?
Può ripetere, per favore?

Can you read that back to me, please?
Può rileggermelo, per favore?

Sorry. I didn't catch your... Did you say...?
Scusi. Non ho capito il suo... Ha detto... ?

PER DIRE CHE È STATO COMPOSTO IL NUMERO SBAGLIATO

I'm sorry; you must have the wrong number.
Mi spiace; deve avere il numero sbagliato.

I'm afraid you've got the wrong number...
Temo che abbia il numero sbagliato...

Sorry, there's no one here called Concettina.
Mi spiace, qui non c'è nessuna Concettina.

Are you sure you have the right number? This is 01273 899971.
È sicuro di avere il numero giusto? Questo è il 01273 899971.

PER DIRE CHE LA LINEA È DISTURBATA

Sorry, this line is terrible...
Mi spiace, la linea è molto disturbata...

I'll call you from another phone.
La chiamerò da un altro telefono.

I'll call you back later.
La richiamerò più tardi.

Let me try another spot.
Riprovo da un altro punto.

PER PRENDERE UN MESSAGGIO

Can I take a message?
Posso prendere un messaggio?

Would you like to leave a message?
Vuole lasciare un messaggio?

Would you take a message, please?
Può prendere un messaggio, per favore?

Could I leave a message for him, please?
Posso lasciargli un messaggio, per favore?

SEGRETERIE TELEFONICHE
Answering machines

Capita a volte di non poter parlare con la persona che stai cercando al telefono e di dover chiacchierare con una segreteria telefonica. Come fare?
Innanzitutto bisogna essere preparati, sintetici e chiari su quello che c'è da comunicare.

Leggi questo esempio di messaggio registrato in una segreteria telefonica.
Hello, this is John. I'm afraid I'm not in the office right now. Please leave your name and number after the tone. I'll get back to you as soon as possible. Thanks!
Pronto, sono John. Purtroppo non sono in ufficio in questo momento. Per favore, lascia il tuo nome e numero dopo il segnale acustico. Ti richiamo appena possibile. Grazie!

1. INTRODUCTION

Presentati dicendo il tuo nome:

Hello, this is Andreo Perra.

2. WHY ARE YOU CALLING?

Spiega in modo conciso perché hai chiamato:

I'm calling to tell you that...

I'm calling to ask if...

I'm calling about...

I'm **just** calling to say...

3. LEAVE YOUR PHONE NUMBER

Se vuoi essere richiamato, chiedilo esplicitamente e lascia il tuo numero:

Could you call me back, please? My number is...

Please, could you call me back? You can get me at...

4. CONCLUSION

Ringrazia e saluta... senza star lì ad aspettare che la segreteria telefonica faccia lo stesso:

Thanks a lot, bye.

Thank you, speak soon, bye.

Cheers! (più informale)

Good morning, this is the Head of Rispa International speaking.

I'm sorry, I think you have the wrong number.

I just called to say I love you.

I just called to say how much I care.

Is there someone in particular you'd like to talk to?

I just called to say I love you.

This is extension 236. Which extension are you looking for?

And I mean it from the bottom of my heart.

Listen, can I take a message?

I'm afraid I don't know what you're referring to.

No New Year's Day to celebrate.

Goodbye, Mr. Wonder.

No chocolate...

COS'È LA CASELLA VOCALE?
What is voicemail?

C'è parecchia confusione riguardo la *voicemail*, la casella vocale... Allora, di cosa si tratta? Cos'è esattamente? È semplicemente il servizio di risposta automatica offerto dai gestori telefonici; puoi trovarlo anche in Internet offerto, per esempio, da *Skype* e *Google*. È esattamente come avere una segreteria telefonica ma il messaggio viene registrato sulla rete del computer oppure su un server. Quando qualcuno ti lascia un messaggio sulla casella vocale, il sistema ti manda automaticamente un messaggio di testo. Per ascoltare il messaggio, devi chiamare il numero predefinito.

ESEMPI DI TELEFONATE
Examples

Secretary:	Hello. This is the Sales Department. How can I help you?
Caller:	Hello. Can I speak to Marco Perra, please?
Secretary:	Certainly. May I ask who's calling?
Caller:	It's Richard Davies here.
Secretary:	One moment, please. I'll just put you through.
Caller:	Thank you.

Segretaria:	*Pronto? Risponde l'ufficio commerciale. Come posso aiutarla?*
Chi chiama:	*Pronto. Posso parlare con Marco Perra, per favore?*
Segretaria:	*Chi parla, prego?*
Chi chiama:	*Sono Richard Davies.*
Segretaria:	*Un attimo, per favore. Passo la chiamata.*
Chi chiama:	*Grazie.*

Secretary:	Hello, Sales. How can I help you?
Caller:	Hello, could I speak to Marco Perra, please?
Secretary:	May I ask who is calling?
Caller:	This is Mr. Johnson.
Secretary:	Please hold the line Mr. Johnson.

[*musichetta irritante, solitamente Mozart suonato su una tastiera da trenta euro*]

[*mentre parla con Marco*] Hello, Marco, I've got Mr. Johnson on the line for you...

[*mentre parla con Mr. Johnson*] One moment, Mr. Johnson... I'm just putting you through...

Segretaria:	*Pronto, reparto commerciale. Come posso aiutarla?*
Chi chiama:	*Pronto, potrei parlare con Marco Perra, per favore?*
Segretaria:	*Posso chiedere chi parla?*
Chi chiama:	*Sono Mr. Johnson.*
Segretaria:	*Attenda in linea Mr. Johnson, per favore.*
	Pronto, Marco, c'è Mr. Johnson al telefono per te ...
	Un momento, Mr. Johnson... sto passando la chiamata.

I CALLED CONCETTINA AND ASKED HER TO MARRY ME.

SHE SAID: "SORRY, YOU MUST HAVE THE WRONG NUMBER" AND HUNG UP.

AND WHAT DID SHE SAY?

Secretary:	Hello, you've reached the Sales Department. How can I help you?
Caller:	Hello, can I speak to Marco Perra, please?
Secretary:	Who's calling please?
Caller:	It's Helmut Frahm here.
Secretary:	Sorry. Could you repeat your surname, please?
Caller:	Certainly. Frahm... that's F-R-A-H-M.
Secretary:	F-R-A-H-M, thank you... I'll put you through **straight away**.
Caller:	Thank you.

Segretaria:	Pronto, siete in linea con l'ufficio commerciale. Come posso aiutarla?
Chi chiama:	Pronto, posso parlare con Marco Perra, per favore?
Segretaria:	Chi parla prego?
Chi chiama:	Sono Helmut Frahm.
Segretaria:	Mi scusi. Può ripetere il suo cognome, per favore?
Chi chiama:	Certamente, Frahm... è F-R-A-H-M.
Segretaria:	F-R-A-H-M, grazie... Passo immediatamente la chiamata.
Chi chiama:	Grazie.

Exercise

Ricomponi queste telefonate mettendo nel giusto ordine le frasi che trovi nei riquadri.

PHONE CALL 1

Could I speak to Robert Jones please?

Hello, Robert, I've got your brother on the phone for you ... OK, I'll put him through.

This is Andrew Jones.

Hello, Marketing. How can I help you?

Just a second, Mr. Jones.

I'm putting you through, Mr. Jones...

Certainly. Who shall I say is calling?

Secretary: ....

Caller: ....

Secretary: ....

Caller: ....

Secretary: ....

[mentre parla con Robert] ....

....

[mentre parla con Mr. Jones] ....

....

PHONE CALL 2

No, this is 55556-555.
Hello. I'd like to speak to Richard Birds, please.
Didn't I dial that?
Yes, Richard Birds does work here at Rispa International but you need
a different extension... his direct number is 324 55556-554.
Oh, I'm so sorry.
Hello, Marketing, can I help you?

Secretary: ....

Caller: ....

Secretary: ....

....

....

Caller: ....

Secretary: ....

Caller: ....

....

EXERCISE

GLOSSARY

CROPPED UP - *To crop up* è un *phrasal verb* che indica qualcosa che salta fuori all'improvviso, implicitamente più importante di quello che avevi già in programma

LOOKING FOR - *To look for* è un *phrasal verb* che significa "cercare" (qualcuno o qualcosa)

GOT IT - *To get it* (passato - *got it*): qui *get* vuol dire capire un concetto

I'LL GET HER TO CALL - qui *get* essenzialmente vuol dire far fare qualcosa a qualcuno

PRETEND - Attenzione, è un *false friend*! Infatti significa "fingere". "Pretendere" si dice *to claim*

GET BACK TO YOU - In questo caso *get* serve per dire "ti richiamo"

JUST - Uno dei tanti significati di *just* (giusto, appena, fa...) è "semplicemente, solamente"... *I'm just going out to get some milk*. Non è niente di importante, anche se non vado non muore nessuno...

PUT YOU THROUGH - *To put you through*, tradotto letteralmente significa "metterti attraverso". È un linguaggio esclusivamente telefonico. Ma per dare un senso a questo termine, immagina che per passarti la persona con cui vuoi parlare al telefono, ti mettono letteralmente attraverso il cavo e appari dall'altra parte, dove c'è la persona che cerchi

STRAIGHT AWAY - Immediatamente

Phone calls vocabulary

TELEFONO CELLULARE - *Cell phone / Mobile*

LINEA FISSA - *Landline*

INTERNO (TELEFONICO) - *Extension*

SERVIZIO DI SEGRETERIA TELEFONICA - *Answering service / Voice mail*

SEGRETERIA TELEFONICA (L'APPARECCHIO) - *Answering machine*

CHIAMARE - *Call / Make a call / Ring*

COMPORRE UN NUMERO - *Dial a number*

RISPONDERE - *Answer the phone (answer: non si pronuncia la W né la R)*

GLOSSARY

RICHIAMARE - *Call back / Call back later / Return a call (He'll call you back later. He'll return your call later) / To get back to someone (I'll get back to you later)*

PRENDERE LA LINEA - *Get through (I can't get through - Non riesco a prendere la linea)*

PASSARE LA CHIAMATA - *To put someone through (I'll put you through - Could you put me through to Mr. Smith? / Mi puoi passare Mr. Smith?)*

LINEA OCCUPATA - *The line is engaged / On the line*

(Mr. Collins is on the line. Can you hold, please?)

METTERE IN ATTESA - *I'll just put you on hold*

RIPRENDERE LA CHIAMATA - *Sorry to keep you waiting*

ASPETTA, RESTA IN LINEA - *Please hold*

CONTROLLO SE È IN UFFICIO - *I'll just see if he's in his office*

CHIUDERE UNA CHIAMATA - *To hang up*

163

Conference calls and nightmares

Conference calls
and nightmares
Avoid?
Skype & Co.

Conference calls and nightmares

Marco era in ufficio, seduto alla sua scrivania. Susan non era ancora arrivata e lui si stava un po' impanicando. Dovevano preparare insieme la conference call con i sei direttori di zona europei. Aveva chiuso la porta e spento il cellulare. Tese l'orecchio. Doveva farcela da solo. Non volava una mosca in ufficio, nessun rumore avrebbe disturbato i partecipanti alla chiamata.

Sperava che la conference call filasse via liscia... Cosa poteva andar storto? Due giorni prima aveva comunicato la data, l'ora e l'ordine del giorno col conference call **dial-in** number a tutti i manager.
Prese il telefono e chiamò il dial-in number, poi aspettò. Non successe nulla. Provò ancora... silenzio. Doveva rimanere calmo e pensare. Aaaarghh!!! Fissò il numero di telefono e poi guardò l'orologio appeso al muro. Il meeting sarebbe iniziato di lì a cinque minuti. Dov'era Susan?!

Doveva sbrigarsi a trovare una soluzione. In tutto c'erano solo sette partecipanti, quindi avrebbero potuto usare Skype per fare la conference call. Mandò subito un'e-mail a tutti i partecipanti per avvisare del cambio di programma e aprì il software. Vide subito che quattro erano già online. Quindi li chiamò, avviando la conference call... nel giro di pochi minuti tutti erano connessi.
"Hello everyone! This is Marco Perra here. First I'd like to apologise for the last minute change over to Skype. We had a technical problem here at headquarters."
Salve a tutti! Sono Marco Perra. Innanzitutto vorrei scusarmi per essere passati a Skype all'ultimo minuto. Abbiamo avuto un problema tecnico qui alla sede centrale.

"No problem, Mr. Perra!" rispose una voce anonima.

"OK. Let's begin by briefly presenting ourselves. I'm Marco Perra, International Sales Manager."

Bene. Iniziamo presentandoci brevemente. Io sono Marco Perra, direttore commerciale per l'Europa.

Ciascuno degli altri manager fece lo stesso, presentandosi brevemente.

"Now" continuò Marco "does everyone have a copy of the meeting **agenda**?"

Ora, ognuno ha una copia dell'ordine del giorno dell'incontro?

Tutti l'avevano.

"The first point we're going to look at today concerns the crisis in the Russian market…"

Il primo punto che vedremo oggi riguarda la crisi nel mercato russo…

Marco passò i successivi dieci minuti a spiegare la situazione e la sua opinione riguardo gli interventi necessari, quando a un certo punto tre persone iniziarono a parlare contemporaneamente. Non capiva neanche una parola e nessuno poteva sentire la sua voce.

"Please!" gridò. "Speak one at a time and introduce yourselves before you speak."

Per favore! Parlate uno alla volta e dite chi siete prima di parlare.

"This is Pierre Debonge, French Regional Manager. I'm afraid I didn't understand anything as the line is very distorted. We should use the **proper** conference call service, I think."

Sono Pierre Debonge, direttore di zona per la Francia. Purtroppo non ho capito niente visto che la linea è molto disturbata. Penso che dovremmo usare il vero servizio di conference call.

"This is Pedro Navarro Olmos, Spain" intervenne un'altra voce. "I understood every word, but you have your facts wrong. It's impossible…"

Sono Pedro Navarro Olmos, Spagna. Io ho capito tutto, ma quello che dici è sbagliato. È impossibile…

Improvvisamente le voci ripresero a parlarsi una sull'altra. Ancora! Marco si stava disperando quando all'improvviso cadde la linea e ci fu un silenzio tombale. Passarono alcuni minuti senza comunicazione. Non si riusciva a ristabilire la connessione.

Marco era disperato, aveva la testa tra le mani. Poi alzò lo sguardo e vide il suo capo in piedi, vicino alla porta. Si tolse le mani dalla faccia e fece un grande sorriso.

"Good morning, Mr. Collins. How can I help you?"
Buongiorno, Mr. Collins. Come posso aiutarla?

Il capo non sorrise.

"I've had several European Regional Managers on the line complaining about this conference call... or what did they call it? Let me think... an incompetent call!"
Mi hanno chiamato diversi direttori di zona europei lamentandosi di questa conference call... o come l'hanno chiamata? Fammi pensare... una chiamata fatta in modo incompetente!

Marco lo guardò sorpreso.

"Yes. They said you had no idea of how to run a meeting. Did you ask someone **to take the minutes** of the meeting, for example? No. Did you ask anyone if they understood what you were saying or if they had any questions?"
Sì. Hanno detto che tu non avevi la minima idea di come gestire l'incontro. Hai chiesto a qualcuno di prendere appunti dell'incontro, per esempio? No. Hai chiesto a qualcuno se capivano quello che stavi dicendo o se avevano delle domande?

Marco non sapeva come rispondere.

"Did you even pause to give them a chance to intervene? No, you didn't! Did you speak slowly for our European colleagues? No! Your colleagues' English isn't quite as good as yours... you have **to be aware** of these things!"
Ti sei mai fermato per permettere loro di intervenire? No, non l'hai fatto! Hai parlato lentamente per i nostri colleghi delle altre parti d'Europa? No! Il loro inglese non è buono come il tuo... devi essere consapevole di queste cose!

Mr. Collins se ne andò dall'ufficio, lasciando Marco terribilmente scosso. Alzò di nuovo gli occhi e vide Susan, in piedi vicino alla porta, che lo guardava con uno sguardo preoccupato.

"What happened?" chiese lei.
Cos'è successo?

Marco scosse la testa...

CONFERENCE CALLS E INCUBI

Conference calls and nightmares

Le **conference calls** sono degli incubi per te? Se è così, non preoccuparti. Non sei solo, un sacco di gente ha le tue stesse paure... Niente panico!

L'importante in una conference call è la chiarezza della comunicazione, quindi basta richiederla.

Innanzitutto un buon moderatore di una conference call inizierà la chiamata presentandosi e poi chiedendo a ogni partecipante di presentarsi a sua volta, prima di intervenire.

Subito dopo dovrebbe chiedere a tutti di parlare lentamente e in modo chiaro. Se lui non dovesse fare questo, sentiti libero di intervenire e dire: **"Hi everyone! This is John, can I ask everyone to speak slowly, clearly and simply because I think it's important we all understand each other. Thank you."**

Ciao a tutti! Sono John, posso chiedere a tutti di parlare lentamente e in modo chiaro e semplice perché penso sia importante che ci capiamo a vicenda? Grazie. Diventeresti l'idolo della conversazione, perché tutti hanno la tua stessa esigenza di capire. Ti assicuro che gli altri partecipanti, nessuno escluso, si innamoreranno immediatamente di te, dopo questo eroico intervento!

EVITARE?

Avoid?

Isn't it better to avoid conference calls altogether? Le conference calls non vengono utilizzate quanto effettivamente si potrebbe fare, ma sono uno strumento utile che consente a colleghi sparsi per il mondo di lavorare insieme, in modo diretto e in tempo reale. Sono facili da organizzare e hanno costi molto ridotti; al giorno d'oggi molti servizi di conference call sono gratuiti.

Per evitare problemi durante una conference call, tieni presente queste cose importanti:

1 FIND A QUIET PLACE FOR THE CALL

Limita i rumori ambientali chiudendo porte e finestre dell'ufficio. Evita altri rumori tipo spostamenti di fogli di carta, stampanti in funzione, cancelleria che cade dalla scrivania, gorgoglii di pancia... Se vuoi mangiare o bere, fallo prima dell'inizio della chiamata. Poi non masticare il tappo della penna, se hai l'abitudine di farlo. Quando non è necessario il tuo intervento, usa il bottone *mute* sul telefono o sul computer. Poi ricordati di toglierlo quando vuoi parlare, altrimenti nessuno riuscirà a sentirti e tu ti sentirai un povero incompreso.

2 NOMINATE A CALL LEADER

In ogni incontro è necessario avere un moderatore (*call leader* oppure **chairperson**). Questa persona manterrà l'ordine e deciderà l'ordine degli interventi. Userà frasi come:

"OK, everyone is online. Thank you for your punctuality."
OK, sono tutti collegati. Grazie per la vostra puntualità.

"Can you all hear me clearly?"
Riuscite tutti a sentirmi bene?

LESSON

"Everyone received a copy of the meeting agenda, right?"
Tutti hanno ricevuto una copia dell'ordine del giorno, giusto?

"I must insist that we stay with the call agenda."
Devo insistere di attenerci all'ordine del giorno della chiamata.

"Let's not go off topic or we'll be here all day..."
Non andiamo fuori argomento altrimenti staremo qui tutto il giorno...

"Let's get started, shall we?"
Incominciamo!

"Let's begin with point one..."
Iniziamo col primo punto...

"I'd like to hear a report from Sam on..."
Vorrei sentire un resoconto da parte di Sam su...

"I would like to remind you all to keep your interruptions **relevant** and concise."
Vorrei ricordarvi di essere pertinenti e concisi se intervenite.

3 REDUCE THE BOREDOM FACTOR
AND FACILITATE THE PARTICIPANTS' UNDERSTANDING

Puoi agevolare la comprensione agli altri partecipanti inviando a ciascuno il programma dell'incontro con alcune informazioni, incluse immagini e spiegazioni degli argomenti. Questo aiuterà gli altri a prepararsi alla chiamata e il materiale inviato potrà anche essere usato come riferimento durante la chiamata stessa. In questo modo puoi garantire un alto livello di comprensione e mantenere alto il livello di interesse durante tutta la durata dell'incontro.

Con queste frasi puoi fare riferimento ai documenti o alle immagini che hai fornito:

"Please look at fig. 3 on the **handout**…"
Per favore, guardate la figura 3 sul documento…

"If you look at the graphic on page 3 of the documentation, you will see…"
Se guardate il grafico a pagina 3 della documentazione, vedrete…

Leggi questo esempio di *conference call agenda*.

RISPA INTERNATIONAL
Conference Call Agenda

Date	January 28, 2013
Time	1.00 to 2.00 pm
Dial-in Number	1-222-345-678 – Access code 9999#
	(Note: Please make sure that you use the # sign)
Subject	Crisis in the Eastern European market
Audience	Western Europe Regional Managers

AGENDA

1.00 - 1.15 pm	Marco Perra (International Sales Manager) – Moderator
	Introduction
	Opening comments
	Overview of the Russian market crisis
1.15 - 1.25 pm	Pierre Debonge (Regional Manager – France)
	Analysis of the French situation
1.25 - 1.35 pm	Pedro Navarro Olmos (Regional Manager – Spain)

LESSON

4 KEEP THE NUMBER OF PARTICIPANTS TO A MINIMUM

Il numero ideale di partecipanti a una conference call è da tre a sei, specialmente se l'obiettivo è quello di prendere una decisione o risolvere dei problemi. Anche incontri telefonici che prevedono un maggior numero di partecipanti possono funzionare, però è necessaria una maggior organizzazione.

Indipendentemente dal numero dei partecipanti, perché una conversazione di questo tipo sia tranquilla e ben comprensibile, è importante che chi vuole parlare si presenti prima di intervenire. Si possono usare le tipiche formule che abbiamo già visto, ma le forme brevi sono le migliori:

"This is Smythe of Glasgow. Can I refer you all to..."
Sono Smythe di Glasgow. Posso riferirvi...

"Smythe speaking, could I just say..."
Sono Smythe, potrei dire solo...

"Smythe, Marketing Manager Scotland, I'd like to..."
Smythe, direttore marketing Scozia, vorrei...

5 MAKE SURE ONE OF THE PARTICIPANTS
TAKES THE MINUTES OF THE MEETING

Take the minutes non significa prendere i minuti, ma vuol dire scrivere appunti, prendere nota di quello che viene detto. Questo permetterà di avere un *report* della conversazione e assicurerà che non ci si dimentichi di niente. Le conference call si possono anche registrare; così facendo si dà la possibilità anche a chi non ha potuto partecipare di sentire l'intero incontro.

6 RESPECT THE AGENDA

Se non vuoi trasformare la tua conference call in un incubo, non lasciare che qualcuno introduca argomenti che non c'entrano con i punti prefissati.

Il moderatore dovrebbe accertarsi che l'ordine del giorno venga seguito ed è sua responsabilità controllare anche che tutti ricevano copia dei punti che verranno trattati durante l'incontro prima dell'inizio della conference call.

Il moderatore userà frasi come:

"I must insist that we stay with the call agenda."
Devo insistere che ci atteniamo all'ordine del giorno.

"Let's not go off topic or we'll be here all day."
Non andiamo fuori argomento sennó staremo qui tutto il giorno.

7 USE YOUR VOICE, NOT YOUR EYES

Dato che i partecipanti non ti vedono in faccia, e quindi non possono intuire i tuoi sentimenti in un determinato momento (siano essi positivi o negativi), devi fare buon uso della tua voce per esprimere queste emozioni. Altrimenti potresti esternare esplicitamente quello che provi utilizzando frasi tipo:

"I'm very happy to report..."
Sono molto felice di riferire...

"We are very worried about this development..."
Siamo molto preoccupati di questo sviluppo...

"Let me say: 'Well done!' to everyone here..."
Consentitemi di dire: "Ottimo lavoro!" a tutti voi...

8 WAIT YOUR TURN

LESSON

Le interruzioni sono necessarie e inevitabili, ma rischiano anche di diventare distruttive e di generare situazioni spiacevoli tra colleghi. L'ideale sarebbe ridurre il numero delle interruzioni al minimo indispensabile, mettendo sempre al primo posto la pertinenza e la cortesia.

Non perdere di vista le differenze culturali che ci possono essere tra i partecipanti: per esempio gli inglesi, i giapponesi e gli indiani sono particolarmente attenti all'ascolto, mentre gli americani, i tedeschi e gli olandesi sono molto spontanei.

Si possono evitare problemi se chi parla fa una pausa di silenzio tra un punto e l'altro, perché in questo modo si dà la possibilità agli altri di intervenire senza sovrapporsi. C'è anche una ragione tecnica per insistere su questo punto, cioè che alcuni sistemi di conference call permettono che si parli uno alla volta; questo significa che qualunque interruzione rischia di tagliare una parte del discorso dell'oratore interrotto.

Queste sono frasi utili per inserirsi nel discorso:

"Can I come in here...?"
Posso entrare (nella conversazione)...?

"I'd like to add something here..."
Vorrei aggiungere qualcosa qui...

"Excuse me, but I think it is relevant **to point out**..."
Scusatemi, ma credo sia utile segnalare...

"Sorry to interrupt but..."
Mi spiace interrompere, ma...

9 CLOSING REMARKS

È importante terminare la conference call nei tempi stabiliti dopo aver toccato tutti i punti fissati in scaletta. Comunque, una volta che questi sono stati esauriti, è essenziale che il moderatore concluda l'incontro.
Ecco alcuni commenti conclusivi:

"Does anyone have anything more to say on...?"
Qualcuno ha altro da aggiungere su...?

"We are **running out** of time..."
Il tempo a disposizione sta terminando...

"Let's **wrap it up** at this point..."
Concludiamo a questo punto...

"Thanks to everyone for making this a productive session."
Grazie a tutti per aver reso questa riunione molto fruttuosa.

"That went very well! Thank you all for participating."
È andata molto bene! Grazie a tutti per aver partecipato.

Skype & Co.

Oggi il Web permette di usare strumenti alternativi ai tradizionali *conference call services*. Come hai visto, Marco è riuscito a risolvere la situazione dell'inconveniente tecnico grazie a Skype. Dài, più o meno ce l'ha fatta... Con software di questo tipo puoi metterti in contatto con altri utenti e comunicare attraverso una chat (conversazione scritta in tempo reale), oppure mettendo in piedi una comunicazione verbale, molto simile a una conference call, a cui può partecipare un largo numero di persone. L'essenziale è che almeno il moderatore (*chairperson*) abbia tra i propri contatti tutte le persone coinvolte nell'incontro. In questo modo potrà avviare una chiamata collettiva, aggiungendo ogni singolo partecipante. Addirittura, attraverso l'utilizzo di web-cam, si possono effettuare video conference call. Una ragione in più per andare in ufficio coi capelli in ordine. Ma ricorda, se ti metti le dita nel naso ti sgamano subito...

DIAL-IN – Comporre

AGENDA – Attenzione, è un *false friend*! Significa "ordine del giorno"; agenda si dice *diary*

PROPER – Vero. Significa anche "appropriato, corretto"

TO TAKE THE MINUTES – Non significa "prendere i minuti", bensì "prendere appunti"

TO BE AWARE – Essere consapevole, cosciente

ALTOGETHER – Del tutto, completamente

CHAIRPERSON – Non è "la persona della sedia", ma il presidente, il moderatore dell'incontro

RELEVANT – Pertinente oppure utile. È un *False Friend*! "Rilevante" si dice *important*

BOREDOM – Monotonia. Deriva da *to bore* che significa "annoiare"

HAND OUT – Significa "documento", la documentazione che è stata distribuita per la conference call

TURN – Turno. Il verbo *to turn* significa "girare"

TO POINT OUT – Segnalare, far notare

REMARKS – Note, commenti

RUNNING OUT – Terminare, finire, esaurire. Si può usare questo verbo non soltanto riferendosi al tempo. È adatto per ogni cosa, per esempio: *"I'm running out of sugar, I need to get some at the supermarket."*

WRAP IT UP – Concludiamo (la conference call). *To wrap something up* significa fare il punto della situazione perché si è giunti alla conclusione

Socialising

Socialising outside work
Breaking the ice
Celebrating special
occasions
How to keep in contact

CHAPTER TWELVE

Socialising

Marco guardò l'orologio.

"Meno male che dovremmo essere noi italiani quelli mai puntuali!" disse Andreo. "Poi spero che questa Susan arrivi presto perché 'sta birra inglese mi piace un po' troppo... questa è già la terza... se ne bevo un'altra poi comincio a dire quello che penso veramente!"

Questo preoccupò Marco: "Cioè?!"

"Sei un pirla!" esclamò Andreo. "Vedi? Troppo tardi."

"Hello, sorry I'm late."

Ciao, scusate il ritardo.

Marco e Andreo alzarono gli occhi e videro Susan.

Marco scattò immediatamente in piedi e le offrì il suo posto.

"How nice to see you, Susan. Please have a seat. This is my brother Andreo."

Che bello vederti, Susan. Accomodati. Questo è mio fratello Andreo.

"Nice to meet you, Andreo. I'm Susan."

Piacere, Andreo. Sono Susan.

Marco sorrise, poi le chiese "What can I get you to drink?"

Cosa posso prenderti da bere?

"**Something strong**, please" replicò lei.

Qualcosa di forte, per favore.

Marco andò al bancone lasciando Andreo solo con Susan.

"So you work in the same office of Marco?"

Versione corretta: "So you work in the same office as Marco?" - Quindi lavori nello stesso ufficio di Marco?

—————— MACCHERONI ALERT! ——————
Quando vuoi dire "la stessa cosa di..." non devi usare *of* ma *as*!

"Yes, I do, opposite him, and you?"

Sì, di fronte a lui, e tu?

"I work in a hotel." rispose lui.

Lavoro in un albergo.

"As a...?"

In qualità di...?

"As a receptionist, a waiter... **I wear many hats.**"

Addetto al ricevimento, cameriere... ricopro molti ruoli.

"Do you like it there?"

Ti piace lì?

"It's difficult at the moment. I had no experience before I start but I'm very lucky. My boss Jimmy is very helpful and patient. He's more than a boss. He's a friend!"

Versione corretta: "It's difficult at the moment. I had no experience before I started, but I'm very lucky. My boss Jimmy is very helpful and patient. He's more than a boss. He's a friend!" – In questo momento è dura. Non avevo esperienza prima di iniziare ma sono molto fortunato. Il mio capo Jimmy è molto disponibile e paziente. È più di un capo. È un amico!

——— MACCHERONI ALERT! ———

Ancora un errore nel tempo verbale, Andreo avrebbe dovuto usare due volte il *Past Simple* (*had* e *started*).

Andreo sorrise. Sì, Jimmy era diventato suo amico. Non se n'era mai reso conto finché la sua bocca non pronunciò quelle parole. Dopo una breve pausa aggiunse "So how is work with my brother?"

Versione corretta: "So how is working with my brother?" – Allora, com'è lavorare con mio fratello?

——— MACCHERONI ALERT! ———

Andreo sembra Tarzan! Qui bisogna usare il gerundio, *the -ING form.*

Susan ci pensò un attimo e poi: "Oh, he's great. He's **smart**, intelligent, funny, good looking... everything!".

Oh, è un grande! È elegante, intelligente, divertente, bello... tutto!

Andreo cominciò a intuire che non era la SUA serata fortunata. Sorrise di nuovo. Marco tornò col drink. In quel momento il telefono di Susan squillò. "I'll be back in a moment" esclamò allontanandosi da loro.

Torno tra un attimo.

"Cosa pensi di Susan?" chiese Marco.

"Penso che voglia te" rispose Andreo.

"No, seriamente... cosa ne pensi?"

"Penso che voglia te!" ripeté Andreo.

In quell'istante Susan si avvicinò al tavolo.

La sua faccia era totalmente cambiata.

"What's wrong?" chiese Marco.

Cosa c'è che non va?

Susan aveva un'espressione in volto come se stesse per scoppiare a piangere. "It's just not my week..." singhiozzò "we have the biggest trade fair of the year next week in Birmingham and I can't **attend**."

Non è proprio la mia settimana migliore... abbiamo la fiera più grande dell'anno a Birmingham settimana prossima e non posso andarci.

Marco si alzò in piedi e l'abbracciò. "Don't worry Susan, I'll go. I'll take your place."

Non preoccuparti Susan. Andrò io. Prenderò il tuo posto.

Susan lo guardò e lui vide qualcosa. Qualcosa di dolce, pericoloso, illecito. I loro occhi erano calamitati.

Quel silenzio elettrizzante fu interrotto quando Andreo ruttò, il suo rutto più grande!

"Sorry for interrupt you guys..." disse Andreo "but who pays for the round of drinks? I go for them now, but I haven't got money."

Versione corretta: "Sorry to interrupt, guys... but who is going to pay for the round of drinks? I'll get them now, but I haven't got any money." – Mi spiace interrompervi, ragazzi... ma chi paga da bere? Adesso vado a prenderle, ma io non ho i soldi.

"Ma non ti avevano mica pagato oggi?" chiese Marco.

"Sì, ma non molto. Non ci sono tanti clienti in questo periodo, Marco. Mi hanno dato quello che potevano. But don't worry, I have an idea! Voglio riempire l'albergo di persone. I'm going to completely change it... I'm going to..."

"I know what you're going to do" lo interruppe Marco. "You're going to modernise the restaurant. Update the menu. Put in some plants, some colours... revitalise the place. You're going to find out why the café at the end of the street is always full... you're going to learn from them..."

So cos'hai intenzione di fare. Hai intenzione di rimodernare il ristorante. Aggiornare il menu. Mettere qualche pianta, un po' di colore... rivitalizzare il posto. Hai intenzione di scoprire perché il bar in fondo alla strada è sempre pieno... vuoi imparare da loro...

"Marco, Andreo works in a hotel!" intervenne Susan.

Marco, Andreo lavora in un albergo!

"Yes, dear. But it is ALSO a bar, why limit the place? Why make it just for the hotel customers?"

Sì, cara. Ma è ANCHE un bar, perché limitare il posto? Perché usarlo solo per i clienti dell'albergo?

Susan non era d'accordo: "No, I think Andreo's idea is to advertise more...".

No, penso che l'idea di Andreo sia di pubblicizzare di più...

Marco scosse la testa: "No, they can't **afford** to advertise".

No, non possono permettersi la pubblicità.

"That's not necessarily true!" ribattè Susan (pensando che adorava i suoi occhi) "... There are many cheap ways of advertising... flyers, posters... (e che aveva mani meravigliose) They could do something really new then call a newspaper (sì, era ufficiale: era cotta di lui) to report on it."

Non è necessariamente vero!... Ci sono molti modi economici per fare pubblicità... volantini, manifesti... Potrebbero fare qualcosa di veramente innovativo e poi convocare un giornale per darne notizia.

Marco ci pensò: "Oh, yes, I see" (ma lei stava sudando un pochino? Le sue labbra erano così belle, i suoi occhi così blu).

Oh, sì. Capisco.
Susan si toccò i capelli: "That's what you're going to do, right Andreo?".
È questo quello che hai intenzione di fare, giusto Andreo?

Andreo aprì la bocca lentamente: "Ehm... I was just going to paint it".
Ehm... avevo solo intenzione di ridipingerlo.

SOCIALIZZARE AL DI FUORI DEL LAVORO

Socialising outside work

Uno degli aspetti più difficili del lavorare all'estero è sostenere una conversazione per socializzare al di fuori dell'ambito lavorativo coi tuoi nuovi colleghi... che magari in italiano sanno dire solo "ciao" e "pizza"!
Stai imparando il loro linguaggio – e forse conosci un gergo tecnico riguardante il tuo lavoro, magari sapresti anche intervenire durante una *presentation* e chiedere dettagli... ma fuori dal posto di lavoro tutto potrebbe complicarsi.
Come evitare silenzi imbarazzanti? Hai presente quelle situazioni in cui nessuno sa cosa dire, tipo durante una cena di lavoro o in un'uscita dopo l'ufficio?
Può capitarti di avere a che fare con colleghi stranieri in occasione di una fiera, di un corso, di una *presentation* o di una *convention*, magari non c'è stato modo di conoscere nessuno prima dell'evento... ma arriva il momento di passare del tempo insieme senza parlare di lavoro. Come fare? In questo capitolo vedrai come rompere il ghiaccio, *break the ice*, e iniziare una conversazione incoraggiando gli altri a parlare.

ROMPERE IL GHIACCIO
Breaking the ice

Come potresti iniziare una conversazione? Eccoti delle frasi che ti aiuteranno. Inizia creando una conversazione aperta e rilassata. Nel momento in cui ti presenti aggiungi una domanda:

Hi. I'm Mark. Are you enjoying the conference / fair / course / meeting?
Ciao. Sono Mark. Ti sta piacendo la conferenza / fiera / corso / incontro?

Hello. I'm Sandra. Did you enjoy the presentation this morning?
Ciao. Sono Sandra. Ti è piaciuta la presentazione stamattina?

Hi. I'm Francis. Is this your first time in London?
Ciao. Sono Francis. È la prima volta che vieni a Londra?

Are you here with a group / "company name"?
Sei qui con un gruppo / 'nome di un'azienda'?

Ecco una breve conversazione:

Susan: Hi there, I'm Susan. Is this your first time here? I don't think we've met before.
Hans: No, we haven't. I'm Hans. Pleased to meet you!
Susan: Are you enjoying the conference?
Hans: Yes, it's been very interesting. But it's so cold here, isn't it?

Susan: *Ciao, sono Susan. È la prima volta che vieni qui? Non mi sembra di averti mai incontrato prima d'ora.*
Hans: *No, infatti. Sono Hans. Piacere!*
Susan: *Ti sta piacendo la conferenza?*
Hans: *Sì, è stata molto interessante. Ma fa molto freddo qui, vero?*

185

Tutti nel mondo sono pronti a parlare del tempo, quindi potresti dire:
It's cold / freezing / warm / hot today, isn't it?
Fa freddo / freddissimo / caldo / caldissimo oggi, vero?

A: What's the weather like back in Italy / in China / home now?
B: It's terribly wet / rather cold / a little foggy / quite sunny back home now. What about in ... ?
A: *Che tempo c'è in Italia / in Cina / a casa, adesso?*
B: *È terribilmente umido / piuttosto freddo / c'è un po' di nebbia / abbastanza assolato a casa, adesso. E in ... ?*

Se sei al ristorante, puoi chiedere di sederti al tavolo con un gruppo di persone:

Hello, my name is Gordon Sumner. Is it OK if I join your group?
Ciao, mi chiamo Gordon Sumner. Va bene se mi unisco a voi?

Excuse me. Do you mind if I sit here?
Scusate. Vi spiace se mi siedo qui?

A tavola puoi iniziare una conversazione chiedendo:

This curry is delicious! Have you tried it?
Questo curry è delizioso! L'hai provato?

Are you enjoying the meal?
Ti sta piacendo il pasto?

A: Sorry. Could you pass me the wine, please?
B: Here you are. It's very good, isn't it? Do you like wine?
A: *Scusa. Potresti passarmi il vino, per favore?*
B: *Ecco. È molto buono, vero? Ti piace il vino?*

Mostrati interessato alle persone facendo domande sul loro lavoro o su cose di loro interesse.

What business are you in? / How long have you been in cosmetics?
Di cosa ti occupi? / Da quanto tempo sei nella cosmetica?

This is my first time in London. Are you from around here?
È la mia prima volta a Londra. Tu sei della zona?

Have you visited the museum here? It is spectacular!
Hai visitato il museo qui? È spettacolare!

Ecco una tipica conversazione:

A: Do you have much free time?
B: Are you joking? Not really, but I love golf.
A: Really? So do I! Perhaps we could play on Saturday. The golf course here is very good.
B: That would be fantastic. Thanks for the invitation.

A: *Hai molto tempo libero?*
B: *Scherzi? Non molto, però mi piace il golf.*
A: *Davvero? Anche a me! Magari potremmo giocare sabato. Il corso di golf qui è molto valido.*
B: *Sarebbe fantastico. Grazie per l'invito.*

> Come ho già sottolineato più di una volta – ci tengo a ribadirlo – la buona educazione per gli inglesi è importantissima. *The please disease* affligge tutto il popolo britannico ed è bene che anche tu sia contagiato da questa malattia! Ricordati di dire *please* e *thank you* dopo ogni richiesta o quando accetti qualcosa. Per esempio, non rispondere mai semplicemente *Yes* oppure *No*; più educatamente rispondi **Yes, please** oppure **No, thank you**.
> Guarda questi esempi:
> I'd love a cup of coffee, thank you!
> *Vorrei una tazza di caffé, grazie!*
> Thank you for the wonderful evening.
> *Grazie per la bella serata.*

Una volta che sei riuscito ad avviare una conversazione, è importante che tu apra bene le orecchie e ascolti gli altri. È davvero fondamentale che ti interessi a chi ti sta intorno, altrimenti la gente si stancherà presto di te. Ascolta attentamente e usa le parole del tuo interlocutore per instaurare un buon rapporto.

Ci sono diversi tipi di domande che puoi usare per sviluppare una conversazione in inglese.

1 OPEN QUESTIONS

What do you like doing in your free time? *Cosa ti piace fare nel tempo libero?*
Where did you go to university? *Dove hai fatto l'università?*

Queste domande non comportano una risposta secca tipo "sì" o "no", ma sono perfette per l'inizio di un dialogo.

Generalmente questo tipo di domande inizia con una di queste parole:

Question word	Translation	Example
What	Cosa	What did you study at college?
Where	Dove	Where does your family come from originally?
When	Quando	When did you arrive?
Who (Whom)	Chi	Who is that man over there in the hat?
Why	Perché	Why don't you come for a drink?
How	Come	How did you find this job?

2 NEGATIVE QUESTIONS

Isn't the weather terrible today? *Non è terribile il tempo oggi?*
Don't you think the situation in Italy is improving? *Non trovi che la situazione in Italia stia migliorando?*

Le *negative questions* ti permettono di chiedere un'opinione ed esprimere la tua contemporaneamente. Così dimostri di essere interessato al parere altrui (specie se ascolti la risposta!). Le domande negative possono anche essere utilizzate per verificare degli avvenimenti.

3 QUESTION TAGS

You are Mr. Hewson, aren't you? *Lei è Mr. Hewson, giusto?*
The new project will result in extra work for everyone, won't it? *Il nuovo progetto comporterà lavoro extra per tutti, no?*

Le *question tags* possono essere usate per verificare delle informazioni al pari delle *negative questions*. In questo caso, devi intonare la parte finale in crescendo, come in una domanda. Puoi anche usarla per indagare, per scoprire se la gente è d'accordo con te; in questo caso l'intonazione non sarà interrogativa ma avrà il tono di una affermazione.

4 STATEMENTS WITH A QUESTION MARK

You live in the centre of New York? *Vivi in centro a New York?*
You don't agree? *Non sei d'accordo?*

Puoi trasformare qualunque frase in una domanda, semplicemente dando la giusta intonazione alla fine. Questo è un modo per verificare delle informazioni durante una conversazione e può essere utilizzato per invogliare l'altro a darti maggiori dettagli. Puoi cambiare totalmente il senso della tua domanda dando più forza a una parola piuttosto che all'altra. In pratica decidi tu su cosa puntare l'attenzione. Guarda come cambia il significato della domanda in base a quale parola rinforzi di più.

A: You live in the centre of NEW YORK?
B: Yes, it's probably the most exciting city in the world!
A: *Vivi in centro a NEW YORK?*
B: *Sì, probabilmente è la città più emozionante del mondo!*

A: You LIVE in the centre of New York?
B: Oh, no. I'm sorry, I didn't understand your question. I work there, but I live in...
A: *VIVI in centro a New York?*
B: *Oh, no. Scusa, non avevo capito la domanda. Lavoro lì, però vivo a...*

5 CLOSED QUESTIONS

Do you know Mr. Howell Evans? *Conosci Mr. Howell Evans?*
Would you like another cake? *Ti va un'altra torta?*

Le *closed questions* possono essere utili durante una conversazione, ma attenzione a non rispondere brutalmente solo *Yes* oppure *No*. Se possibile, aggiungi
qualche informazione relativa a ciò che ti è stato chiesto.

A: Have you met Mr. Howell Evans?
B: Yes, I **bumped into** him at the premiere of *Batman* in New York.

A: Hai incontrato Mr. Howell Evans?
B: Sì, l'ho trovato alla prima di Batman *a* New York.

A: Would you like some more tea?
B: Yes, that would be fantastic. Thanks!
A: Ti andrebbe altro tè?
B: Sì, sarebbe fantastico. Grazie!

FESTEGGIARE OCCASIONI SPECIALI

Celebrating special occasions

In tutto il mondo ci sono giorni particolari in cui si festeggiano degli avvenimenti, *special occasions* in cui ci si scambiano auguri e messaggi. Questi sono alcuni esempi della tradizione britannica.

COMPLEANNI

Happy Birthday to you!
Many happy returns!
Best wishes to your wife / mother / daughter/ son!

MATRIMONI E ANNIVERSARI

Congratulations!
All the best for your tenth anniversary!
Here's to many more happy years together! (Un brindisi agli sposi, alzando i calici verso loro.)

FESTIVITÀ E VACANZE

Merry Christmas!
Happy New Year! / Happy Easter!
All the best for a happy New Year!
Have a good holiday!
Have a good trip!

ALTRE OCCASIONI

Congratulations on your promotion / new job / new posting to...
All the best for...

COME TENERSI IN CONTATTO

How to keep in contact

Puoi usare queste frasi per restare in contatto con le persone che hai incontrato. È una buona idea scambiarsi biglietti da visita e informazioni personali (tipo e-mail e numero di telefono).

It was good meeting you. Let's keep in touch!
È stato bello incontrarti. Restiamo in contatto!

Here's my card. Give me a call.
Ecco il mio bigliettino. Chiamami.

This is my e-mail address. Let me know when you're coming to Milan.
Questo è il mio indirizzo e-mail. Fammi sapere quando vieni a Milano.

Let's keep in touch. Are you on LinkedIn / Facebook?
Restiamo in contatto. Sei su LinkedIn / Facebook?

Thanks for all your help today. See you later.
Grazie per il tuo aiuto di oggi. Ci vediamo.

Have a nice day / meal / stay / life...
Buona giornata / pranzo / permanenza / vita...

Exercise

Collega le frasi della colonna di sinistra con quelle della metà di destra per completare correttamente i dialoghi.

1	Mary, this is Simon.	A	Here you are.
2	Are you enjoying the conference?	B	I'm in pharmaceuticals.
3	What's the weather like in your country?	C	No. I first came here 3 years ago.
4	Could you pass me the salt, please?	D	That's right. I am.
5	What business are you in?	E	Yes, it's been very interesting.
6	Is this your first time in England?	F	Thank you. See you soon.
7	You are Joan Simmons, aren't you?	G	Pleased to meet you, Simon!
8	Would you like another cup of tea?	H	Sure. Here is mine.
9	Have a good trip!	I	Yes, please.
10	Can I give you my business card?	J	I think it is raining today.

SOMETHING STRONG – Qualcosa di forte, cioè una bevanda molto alcolica

I WEAR MANY HATS – Ricopro molti ruoli, svolgo diverse mansioni. È una espressione idiomatica

SMART – (GB) *Smart* in Inghilterra vuol dire elegante e si usa principalmente per descrivere l'abbigliamento di una persona. (USA) *Smart* negli Stati Uniti si usa per descrivere la testa di una persona. *If you're smart* sei intelligente, brillante

ATTEND – Fai attenzione! *To attend* non significa "attendere"; vuol dire invece "partecipare". Ma per capire bene dobbiamo guardare il verbo "partecipare" in maniera più ampia. Noi inglesi non diciamo quasi mai *I partecipate in the meeting* (non si usa MAI la preposizione *to* dopo il verbo *to partecipate*... se proprio devi usarlo). Puoi invece dire *I take part in a meeting* oppure *I attend a meeting*. Qual è la differenza? *To attend* vuol dire partecipare ma senza un coinvolgimento attivo. Insomma assisti e basta. Mentre *to take part* significa essere attivo nel meeting. Contribuire, insomma

AFFORD – Nella storia *afford* significa "permettersi": l'albergo non ha abbastanza soldi per pagare la pubblicità. Ma non è sempre una questione di soldi: se devi finire un lavoro urgentemente, *you can't afford to take a break for lunch*... hai così tanto da fare che non puoi nemmeno permetterti di fare la pausa pranzo. Alla stessa maniera si può usare anche in senso opposto: il Milan stava vincendo 6-0, *they could afford to relax*, cioè poteva permettersi di rilassarsi. Si può usare anche col significato di "rischiare": *you can't afford to insult a policeman, he'll arrest you* ovvero non puoi permetterti (il rischio) di insultare un poliziotto, altrimenti ti arresta!

TO BUMP INTO – Incontrare una persona inaspettatamente

Money

Salaries, wages, banks
and your money
Opening a bank account
Cheques
Debit, pre-paid
and credit cards
Money transfer
How to write and say
amounts of money

DEPOSIT

WORKING ABROAD

CHAPTER THIRTEEN

Money

Andreo fissava l'assegno che aveva in mano e pensava... "Ma è vero che si sono baciati davanti a me come due teenager? Ma non si vergognano?!"

Era davanti al bar dove doveva incontrare Kristen; la aspettava già da 20 minuti... le donne sono uguali in tutto il mondo. Però in fondo le era grato: infatti lei gli aveva promesso di dargli una mano ad aprire un conto in banca.

"Hi Andreo!"

Eccola, sorridente; Andreo sorrise quando la vide e non riusciva più a togliersi quel sorriso dalla faccia.

"Sorry I'm a bit late. Let's forget the coffee and go directly to the bank, okay?"

Mi spiace per il ritardo. Lasciamo perdere il caffè e andiamo direttamente in banca, OK?

"Sure, no problem" rispose Andreo. "All ok with you?"

Certo, non c'è problema. Versione corretta: "Is everything OK, Kristen?" - Va tutto bene, Kristen?

—— MACCHERONI ALERT! ——

Troppo spartano Andreo! Poteva formulare meglio la domanda.

"Fine, fine... just **took longer** on the underground this morning."

Bene, bene... ci ho solo messo di più in metropolitana stamattina.

Kristen camminava veloce e Andreo la seguiva.

Entrarono in banca e si misero in fila.

"Have you got your passport?" chiese lei.

Ce l'hai il passaporto?

"I haven't got a passport... I've got my identity card and my driving licence. OK?"

Non ho il passaporto... ho la carta d'identità e la patente. Va bene?

"I think so. We'll ask the clerk what they need."

Penso di sì. Chiederemo all'impiegato di cosa hanno bisogno.

Toccava a loro. Kristen spinse Andreo davanti.

"I want to open a bank account."

Voglio aprire un conto.

L'impiegato lo guardò impassibile.

Kristen gli sussurrò nell'orecchio "Say 'please'!"

"Errr... please."

"You'll need to speak to the Assistant Manager. Just a moment, I'll see if he's free. Here's a form you need to fill in while you're waiting."

Dovete parlare con il vicedirettore. Solo un attimo, vedo se è libero. Qui c'è un modulo che deve compilare mentre aspettate.

STIPENDI, PAGHE, BANCHE E SOLDI

Salaries, wages, banks and your money

Nel Regno Unito i lavoratori sono pagati settimanalmente (ricevono un *wage*) oppure mensilmente (ricevono un *salary*). Generalmente i lavori di livello più basso sono pagati ogni settimana, mentre i lavori meglio retrubuiti sono pagati ogni mese. Il denaro può essere dato **in cash**, **by cheque**, o più frequentemente tramite un **bank transfer** o **direct deposit** (lo stipendio è accreditato direttamente sul conto bancario).

Nella storia, Andreo è stato pagato *by cheque*, quindi deve aprire un conto bancario per poterlo incassare. In realtà nel Regno Unito gli assegni si possono cambiare nella maggior parte dei grandi magazzini e supermercati. Ci sono anche negozi specifici che permettono di incassare gli assegni in cambio di una piccola **fee** o una **percentage** della somma.

Ma perché non aprire un conto bancario? È gratis!

199

APRIRE UN CONTO BANCARIO

Opening
a bank account

I due principali tipi di conti bancari sono:

1 Conto corrente – *current account* (GB) – *checking account* (USA)

2 Conto deposito o conto di risparmio – *deposit account* oppure *savings account*

Un conto corrente serve per le operazioni bancarie quotidiane e offre servizi come il **chequebook**, carte di credito (*credit cards*) e domiciliazioni (*direct debit*). Un conto di risparmio invece ti offre un tasso di interessi più alto, a condizione che i soldi siano depositati per un certo periodo di tempo.

Let's open a current account!

Innanzitutto scegli la banca; ricorda che nella maggior parte delle banche del Regno Unito i servizi principali sono gratuiti. Ora accertati di avere i documenti necessari: la banca ti chiederà un documento di identità e l'indirizzo attuale. Quindi ti servirà il passaporto, la carta d'identità o la patente, il **work permit** se non vieni da una nazione della Comunità Europea e una prova che sei residente lì stabilmente (tipo una bolletta a tuo nome – *household bill*). Poi i documenti necessari possono cambiare da banca a banca, quindi chiedi informazioni direttamente in filiale: saranno felici di aiutarti.

È molto semplice: entra in banca e chiedi allo sportello (*bank teller*) o a qualche impiegato (*clerk*):

Good morning. Can I open a bank account here, please?
Buongiorno. Posso aprire un conto qui, per favore?

Can you help me? I'd like to open a bank account, please.
Può aiutarmi? Vorrei aprire un conto, per favore.

Could you tell me which documents I need to open an account here?
Potrebbe dirmi che documenti mi servono per aprire un conto qui?

La banca farà un *credit check* (controllo) su di te prima di aprire il conto e darti un libretto degli assegni, una *debit card* e una *credit card*. Dovrai anche versare una cifra minima prestabilita. Le condizioni migliori sono quelle delle banche on-line che offrono tutti i servizi gratuiti, incluso l'*overdraft* (il fido) e *the possibility to overdraw* (scoperto) sul tuo conto, fino a un limite concordato con un *low* **interest rate** (tasso d'interesse basso).

ASSEGNI

Cheques

Gli assegni sono ancora molto diffusi nel Regno Unito e sono accettati ovunque. La banca ti consegnerà anche una **cheque guarantee card**: questa carta garantisce che, in caso di problemi, la banca coprirà l'importo dell'assegno che hai emesso. Quando fai un acquisto tramite assegno, potrebbe esserti richiesto di scrivere il numero di questa *card* sul retro dell'assegno.
Se stai facendo acquisti in un negozio puoi chiedere:

Can I pay by cheque?
Posso pagare con un assegno?

Do you take cheques here?
Accettate assegni qui?

BANCOMAT, PREPAGATE E CARTE DI CREDITO

Debit, Pre-paid and Credit cards

Nel Regno Unito e in America le banche propongono delle carte che sono simili a quelle degli altri Paesi ma con qualche differenza:

DEBIT CARDS

Una *debit card* è quella che in Europa si chiama bancomat... la parola "banco-mat" non esiste in inglese! Una *debit card* si usa per **withdraw** (prelevare) i soldi direttamente dal conto corrente attraverso una rete di **cash points** (sportelli automatici), conosciuti anche come *cash machines* o *ATMs (Automatic Teller Machine)*. Puoi usare la *debit card* anche per fare acquisti o pagare una cena al ristorante.

Se stai cercando un bancomat per fare un prelievo puoi chiedere:
Excuse me, is there a cash point near here, please?
Mi scusi, c'è un bancomat in zona per favore?

Se sei in un negozio e vuoi chiedere se accettano pagamenti col bancomat puoi usare frasi come:
Do you take debit cards?
Accettate il bancomat?
Do you accept payment by debit card?
Accettate pagamenti tramite bancomat?
Can I pay by debit card?
Posso pagare con bancomat?

DEBIT CARDS AND CASH BACK

Nella maggior parte dei supermercati o grandi magazzini del Regno Unito, alla cassa potrebbero chiederti se vuoi **cash back** se hai pagato con una *debit card*. In pratica in questa maniera puoi prelevare fino a 50 sterline dal tuo conto. Ma guarda che non è un regalo! È solo un altro modo per prelevare. Guarda questo dialogo tipico, alla cassa:

Cashier:	Would you like any cash back (with that)?
Customer:	Yes, I'd like £20, please.
Cashier:	Here you are.
Customer:	Thanks, bye.
Cashier:	Thank you. Have a nice day!

Cassiere:	*Vuole dei contanti?*
Cliente:	*Sì, vorrei £20, per favore.*
Cassiere:	*Ecco a lei.*
Cliente:	*Grazie, arrivederci.*
Cassiere:	*Grazie a lei. Buona giornata!*

Le operazioni fatte col bancomat di solito vanno a buon fine solo se hai abbastanza soldi sul conto. Comunque sia in Gran Bretagna che in America, i bancomat Visa e Mastercard ti permettono anche di sforare, però sempre entro un certo limite. Ma fai attenzione, se vai in rosso sul conto senza prima aver fatto un accordo con la banca, il tasso di interesse è davvero molto alto!

PRE-PAID DEBIT CARDS

Le carte prepagate non sono collegate al tuo conto bancario; i soldi sono caricati direttamente sulla carta. Questo è un modo sicuro per fare acquisti in internet e per viaggiare. Nelle banche britanniche e nei centri commerciali puoi trovare una vasta gamma di carte prepagate, tipo *youth cards*, *gift cards*, *travel cards* e *virtual cards* (per acquisti on-line).

CREDIT CARDS

La maggior parte delle banche chiede un canone mensile per le *credit cards*. Sostanzialmente questo tipo di carta è uguale in tutto il mondo; comunque sappi che le banche nel Regno Unito applicano interessi e penali molto alti in caso di ritardi nei pagamenti.

TRASFERIMENTO DI DENARO
Money transfer

Nel Regno Unito, per trasferire il denaro da un conto all'altro si usa uno **SWIFT code**, cioè un numero identificativo (*Bank Identifier Code - BIC*). Nell'Unione Europea le banche usano l'*International Bank Account Number (IBAN)*.
Negli Stati Uniti invece c'è il *BIC* per indicare la banca cui è destinato il denaro, ma si usa il *CHIPS* oppure *Fedwire system* per effettuare un pagamento.
Per chiedere in banca assistenza puoi dire:
How can I transfer money to the USA?
Come posso trasferire dei soldi negli Stati Uniti?
Could you tell me how to transfer money to Italy, please?
Potrebbe dirmi come si trasferisce del denaro in Italia, per favore?

Orari di apertura delle banche nel Regno Unito
Monday to Friday 09:00 / 9:30 to 15:30 / 16:00 (some banks close at 17:30)
Saturday 9:00 / 9:30 to 12:30 / 15:30
Molte banche chiudono più tardi un giorno alla settimana, restano aperte fino alle 17:30 / 18:00
Le banche in Inghilterra e nel Galles fanno orario continuato mentre in Scozia e in Irlanda del Nord chiudono per un'ora durante la pausa pranzo.

How to write and say amounts of money

COME SCRIVERE E DIRE SOMME DI DENARO

In inglese, quando scrivi una quantità di soldi devi sempre mettere il simbolo della sterlina (pound, £) prima della cifra, senza lasciare spazi.

Per esempio: fifty pounds = £50.

Se l'ammontare della cifra è costituita solo da centesimi (**pence**), aggiungi la lettera **p** (minuscola) subito dopo il numero. Spesso si pronuncia solo la "p", per esempio: 10p si legge "ten pi" (oppure "ten pence").

Se invece devi scrivere un importo costituito sia da *pounds* che da *pence*, bisogna mettere il simbolo della sterlina prima della cifra (non si indica la "p" e generalmente non si pronuncia); inoltre *pounds* e *pence* sono separati da un punto – attenzione, non si usa mai la virgola per indicare i centesimi. La virgola serve per i numeri sopra il migliaio... non solo guidate dalla parte sbagliata della strada, ma anche quando scrivete i numeri voi italiani fate il contrario di quello che sarebbe giusto fare. Guarda questi esempi:

Dodici sterline e venti centesimi = £12.20 = Twelve pounds twenty (pence)

Mille sterline e 50 centesimi = £1,327.50 = One thousand, three hundred and twenty-seven pounds fifty (pence)

Ricorda che si dice *pounds* al plurale quando dici la cifra, ma quando indichi una moneta o una banconota allora *pound* rimane al singolare.

5 pounds / 5 pound note; 25 pounds / 25 pound note etc.

Consulta il **TOOLKIT** alla fine del libro: troverai un sacco di termini di uso comune riferiti ai soldi e alle banche.

GLOSSARY

TOOK LONGER – Ci è voluto più tempo, ho impiegato di più

IN CASH – In contanti

BY CHEQUE – Con assegno. In *American English* l'assegno si chiama *check*

BANK TRANSFER – Bonifico

DIRECT DEPOSIT – Deposito diretto

FEE – Tariffa

PERCENTAGE – Percentuale

CHEQUEBOOK – Libretto degli assegni (UK); in *American English* si chiama *checkbook*

WORK PERMIT – Permesso di lavoro

INTEREST RATE – Tasso di interesse

Meetings

In a meeting

CHAPTER FOURTEEN
Meetings

Andreo sedeva di fronte ad Arnoldo, lo chef; tutti e due erano esaltatissimi. Andreo parlava di quanto meravigliosi fossero gli ossi buchi, mentre Arnoldo ribatteva a gran voce che in Inghilterra nessuno avrebbe potuto cucinare l'osso buco viste le restrizioni imposte dal governo. "Mad Cow disease! Mad Cow disease!" continuava a urlare.

Il morbo della mucca pazza! Il morbo della mucca pazza!

Andreo pronunciò il nome di un altro piatto: saltimbocca alla romana. Delirio! Arnoldo era in estasi completa. "Saltimbocca, yes! Yes!!!"

"Pizzoccheri!" aggiunse Andreo, con tono deciso. Arnoldo scosse il capo con molta fermezza "Not pizzoccheri... per l'amore di Dio! No!!!". In quell'istante entrò Jimmy che si rivolse ad Andreo. "Ms Peters is **free** now, Andreo. Are you ready?"

Ms Peters è libera ora, Andreo. Sei pronto?

Jimmy conosceva perfettamente il progetto di Andreo visto che ne avevano parlato per ore, la sera prima. Non era sicuro che avrebbe funzionato; di certo, però, avrebbe supportato Andreo fino alla fine.

Andreo aveva sul volto il suo sorriso più smagliante e luminoso quando entrò nell'ufficio di Ms Peters.

"What can I do for you, handsome" chiese lei.

Cosa posso fare per te, bello?

Mantenendo il sorriso stampato in volto, Andreo fece un respiro profondo.

"We must make changes, Ms Peters."

Dobbiamo fare dei cambiamenti, Ms Peters.

"Call me Barbara, Andreo... please."

Andreo, chiamami Barbara... per favore.

"Well, Barbara. I have some idea. We change things at the hotel. We open the bar and restaurant for the public. Why only keep it for guests? Right? We transform the bar. We make celebrity for the restaurant with Italian good food, we insert also good wine and make good... how you say ambiente... atmosphere?

I already speak to Chef Arnoldo and he agree with me... we can make a great menu. We use lot of local ingredients, genuine food not out of freezer packet like most restaurants."

Versione corretta: "Well, Barbara. I have some ideas. We must change things at the hotel. We can open the bar and restaurant to the public. Why keep it for only guests? Right? We'll transform the bar. We'll **make a name** *for the restaurant with good Italian food; we'll also introduce good wine and make good... how do you say ambiente... atmosphere? I have already talked to Chef Arnoldo and he agrees with me... we can make a great menu. We'll use lots of local ingredients, genuine food, not pre-prepared dishes out of a packet like most restaurants." – Bene, Barbara. Ho delle idee. Dobbiamo cambiare delle cose nell'albergo. Possiamo aprire il bar e il ristorante al pubblico. Perché tenerlo solo per gli ospiti? Giusto? Trasformeremo il bar. Renderemo famoso il ristorante con la buona cucina italiana; introdurremo anche del buon vino e creeremo un bel... come si dice ambiente... atmosfera? Ho già parlato con lo chef Arnoldo e lui è d'accordo con me... possiamo preparare un ottimo menu. Useremo molti ingredienti locali, cibo genuino, non piatti confezionati già precotti come nella maggior parte dei ristoranti.*

——— MACCHERONI ALERT! ———

Aaaargh, quanti errori! Innanzitutto dopo *some* bisogna mettere il plurale, quindi *ideas*. Poi Andreo ha dimenticato qualche verbo modale (ricordi? *Can, must...*). Non ha usato il *Future Simple*, avrebbe dovuto farlo perché sta proponendo delle cose che non ci sono ancora. E poi... *celebrity* significa *celebrità*! Attenzione anche all'ordine degli aggettivi (*good, Italian*); inoltre ha posto una domanda senza usare *do*, altro errore elementare. Tempo verbale sbagliato (se c'è *already* significa che stai parlando di qualcosa successo nel passato) e poi non bisogna mai dimenticare la "s" alla terza persona singolare!

Ms Peters sorrise e annuì. Andreo non era proprio certo che lei lo stesse ascoltando davvero ma era troppo contento e non riusciva a smettere di parlare.

"We have Happy Hour in the bar Wednesday, Thursday evening... evening when somebody come here never." aggiuse Andreo. Mas Peters annuì col capo, di nuovo.

Versione corretta: "We'll have a Happy Hour in the bar on Wednesday and Thursday evenings... evenings when nobody ever comes here." – Faremo degli Happy Hour al mercoledì e giovedì sera... le sere in cui non viene mai nessuno.

—— MACCHERONI ALERT! ——

Prima dei giorni della settimana si usa la preposizione *on* e poi bisogna mettere il plurale, da qualche parte; qui bisognava trasformare *evening* in *evenings*. *Somebody* significa qualcuno, per le frasi negative bisogna usare *nobody*... terza persona singolare, manca la "s".

Andreo riprese "Then we give special deal to the restaurant people: free cocktail after dinner in the bar. You know, so then people stay in the bar... they drink more, spend more money!"

Versione corretta: "Then we'll offer a special deal to customers of the restaurant: a free cocktail after dinner in the bar. You know, so then people will stay in the bar... they'll drink more, and spend more money." – Poi ci sarà un'offerta speciale per i clienti del ristorante: un cocktail gratis dopo cena. Vede, così poi la gente si fermerà al bar... berranno di più e spenderanno di più!

—— MACCHERONI ALERT! ——

Andreo ha dimenticato ancora di usare il *Future Simple*.

"There's one problem, Andreo" lo interruppe Ms Peters. "How will anyone know about these changes?"

[C'è un problema, Andreo. Come farà la gente a venire a conoscenza di queste novità?]

"We do a publicity, Ms Peters. We make the Facebook page and we make some posters... not so expensive, you know? We give discounts on the internet with a site of discounts. It is like free advertising: they send to all their members our special coupon. They have many thousands of members. We offer a discount for one time. People comes and discovers us! It's brilliant, no?"

Versione corretta: "We'll advertise, Ms Peters. We're going to make a Facebook page and some posters... it won't be so expensive, you know? We can give a discount through an Internet discount site. It's like free advertising: they offer all their members a special coupon. They have thousands of members. We can offer a one time discount. People will come and discover us! It's brilliant, isn't it?" – Faremo pubblicità, Ms Peters. Faremo una pagina su Facebook e dei manifesti... non costerà molto, sa? Possiamo offrire sconti tramite un sito internet apposito. È come avere pubblicità gratis: verranno offerti ai loro membri dei coupon speciali. Hanno migliaia di membri. Possiamo offrire uno sconto valido per una volta. La gente verrà qui e ci conoscerà! È fantastico, vero?

————— MACCHERONI ALERT! —————

"Pubblicizzare" si dice *to advertise, you can't do a publicity!* Manca ancora il verbo modale *can* (ricorda che sta facendo una proposta). Per dire "per una volta" si usa *one time* prima del sostantivo. Attenzione a *people*... è plurale! Quindi non bisogna mettere la "s" della terza persona singolare.

Ms Peters rimase a bocca aperta. "These ideas are wonderful! I was just going to repaint it. How much do you need?"
Queste idee sono meravigliose! Io avevo solo intenzione di ridipingerlo. Quanto ti serve?

Andreo era talmente felice che, senza pensare, abbracciò le ampie spalle di Ms Peters.

Big mistake! Prima ancora di rendersene conto fu bombardato di baci, dita dappertutto, respiri bollenti... tutto diventò nero, non poteva muoversi. Andreo la supplicò "Ms Peters..."
"Call me Barbara..." disse lei. "Barb..." e di nuovo la sua voce fu soffocata da una pioggia di baci.

"Ms Peters!" Jimmy chiamò a gran voce, dall'altra stanza. Ms Peters guardò Andreo e gli sussurrò **"I'll be straight back**, baby" e se ne andò. In quel momento entrò Marco, guardò Andreo e gli chiese "Allora, le è piaciuta l'idea?"

"Penso di sì." rispose Andreo mentre si riabbottonava la camicia.

DURANTE UNA RIUNIONE

In a meeting

Ti è venuta una grande idea ed è giunto il momento di condividerla con i tuoi colleghi. Guardiamo alcuni modi per proporre le tue idee durante un meeting. Ho tre suggerimenti importanti da darti:

1 BELIEVE IN YOURSELF

Se non sei tu il primo a credere nelle tue idee, nessun altro lo farà! Perciò non sottovalutarti e sii positivo. Non è un caso se la semplice idea del "pensiero positivo" vende milioni di copie di libri in tutto il mondo.

2 BACK UP YOUR IDEAS

Presenta la tua idea con esempi concreti; includi statistiche, fatti o risultati di ricerche. Questo supporterà e darà credito alla tua idea e alle tue parole.

3 INVOLVE EVERYONE

Chiedi il parere dei tuoi colleghi e ascolta quello che ti dicono; inoltre ricordati di chiamarli per nome. In fin dei conti, le tue idee potrebbero non essere sempre approvate ma possono essere d'aiuto al team per trovare nuove soluzioni. Gli altri daranno valore al tuo contributo.

Presenta la tua idea con entusiasmo:
I'm positive that we will succeed if... *Confido nel nostro successo se...*
I really feel that **the way forward** is... *Sento davvero che la strada giusta sia...*
I absolutely believe that the answer is... *Credo assolutamente che la risposta sia...*
Puoi anche proporre una soluzione alternativa:
Why don't we...? *Perché non...?*
How about...? / What about... ? *Cosa ne dite...?*
The way I see things we should... *Per come la penso io dovremmo...*

Aggiungi un commento a quello che sta dicendo qualcun altro:
That's interesting! I never thought about it that way before. *Interessante! Non ci avevo mai pensato in questa maniera prima d'ora.*
I see what you mean. *Capisco cosa intendi.*
Good point! *Bello! / Valido!*

Dai la tua opinione:
I feel that we could... *Sento che potremmo...*
I'm sure we can... *Sono sicuro che possiamo...*
In my opionion, we must... *Secondo me, dobbiamo...*

Se sei d'accordo, puoi esprimerlo con espressioni tipo:
I totally agree with you. *Sono pienamente d'accordo con te.*
Precisely! / Exactly! *Precisamente! / Esattamente!*
That's it! That's the answer! *Ecco! Quella è la risposta!*

Ma se vuoi esprimere un disaccordo:
Unfortunately, I don't agree... *Purtroppo non sono d'accordo...*
That's a good point, but... *È valido, ma...*
I'm sorry, I see things differently. *Mi spiace, la vedo in maniera diversa.*

Se vuoi chiedere l'opinione di qualcuno:
Do you have anything to add, James? *Hai qualcosa da aggiungere, James?*

Would you like to comment, Mr. Bird? *Vuole commentare, Mr. Bird?*
Can we have your **input**, George? *Possiamo avere il tuo contributo, George?*

Se qualcuno non ha capito bene quello che hai detto, puoi sottolinearlo così:
I'm sorry but that isn't right. I said... *Mi spiace ma non è corretto. Ho detto...*
I think you misunderstood my point. *Penso che abbia frainteso quello che volevo dire.*
That's not what I meant at all! *Non è per niente quello che intendevo dire!*

Guarda come Richard Dyne espone le proprie idee con i suoi colleghi alla Lunatic Film Productions:

CEO Briggs:	OK. Could I have your ideas on how we can resolve the Sunset Boulevard situation?
George:	That film is a disaster. It's **running over cost** and I'm afraid we should consider **pulling the plug**...
Richard:	Can I speak here? I absolutely believe in this project! In my opinion we should **bring in** Clint. His experience as a director and his huge presence as an actor would **turn the project round** in an instant.
George:	I'm sorry, I can't agree with that. We cannot afford another big mistake.
CEO Briggs:	I see what you mean, George, but we have already invested $80 million, haven't we? Why don't we **put it in front of** Clint and see?
Richard:	I totally agree with that!
CEO Briggs:	Do you have anything to add, George?
George:	I'm not convinced this will work but let's see if Clint is interested...
Richard:	That's great! We can do this!
CEO Briggs:	OK. So we are all agreed. Good luck, Richard! **This is your baby now**.

CEO Briggs:	OK. Posso sapere che idee avete su come risolvere la situazione di Sunset Boulevard?
George:	Quel film è un disastro! Sta andando fuori budget e temo che dovremmo considerare l'ipotesi di staccare la spina...
Richard:	Posso dire la mia? Io credo assolutamente in questo progetto! Secondo me dovremmo coinvolgere Clint. La sua esperienza di regista e la sua enorme presenza in qualità di attore risolleverebbe le sorti del progetto in un attimo.
George:	Mi spiace, non sono d'accordo. Non possiamo permetterci un altro errore grande.
CEO Briggs:	Capisco cosa vuoi dire, George, ma abbiamo già investito 80 milioni di dollari, no? Perché non lo proponiamo a Clint e poi vediamo?
Richard:	Sono pienamente d'accordo!
CEO Briggs:	Hai altro da aggiungere, George?
George:	Non sono convinto che funzionerà ma vediamo se a Clint interessa...
Richard:	Grande! Possiamo farcela!
CEO Briggs:	OK. Allora siamo tutti d'accordo. Buona fortuna, Richard! Abbine cura.

FREE – In questo caso vuol dire "libero", cioè Ms Peters è libera da altri impegni. Però in altro contesto, quando si parla di soldi, *free* vuol dire "gratis"

MAKE A NAME – Letteralmente vuol dire farsi un nome, cioè diventare famoso per qualcosa di particolare

I'LL BE STRAIGHT BACK – Torno subito. *Straight* significa, tra le altre cose, "direttamente, dritto". *I'll go straight home*, cioè vado dritto a casa

BACK UP – In questo caso significa portare materiale a supporto di un'idea o di un'opinione. Puoi *back up* idee con statistiche, ricerche o pareri esperti. *Back up* significa anche supportare e sostenere, in senso più generale: un poliziotto può chiedere *back up* se si trova in una situazione complicata – cioè chiede rinforzi. In informatica *back up* vuol dire creare una copia dei file su un altro dispositivo, per evitare che si rischi di perdere per sempre i file in caso di guasto del computer

THE WAY FORWARD – È la strategia o il percorso che porterà a un progresso (o al successo!)

INPUT – Qui la parola *input* indica il punto di vista di qualcuno su un determinato argomento, il suo contributo in una discussione. *Input* generalmente si usa anche associato a *output*; *input and output* si riferiscono al flusso di ingresso e uscita di elettricità, audio, liquidi ecc. all'interno di un macchinario. Queste forme di energia possono anche essere chiamate *the input*

RUNNING OVER COST – Quando la spesa è superiore al budget preventivato.

PULLING THE PLUG – L'arresto o la chiusura di un progetto

BRING IN – L'azienda decide di assumere o coinvolgere una nuova persona.

TURN (SOMETHING) ROUND – Trasformare una certa situazione da negativa a positiva

PUT IT IN FRONT OF – Offrire un lavoro mostrando i dettagli del progetto

THIS IS YOUR BABY NOW – Dare a qualcuno la responsabilità di un progetto; il progetto è il bambino... e se hai un bambino te ne prendi cura. O no?!

Trade fairs

Trade fairs

Marco passò le due ore sul treno per Birmingham studiando gli appunti di Susan e immaginandosi le situazioni in cui si sarebbe potuto trovare coi clienti. Il treno cominciò a rallentare e lui, in fretta e furia, cacciò tutti i fogli dentro la borsa. Si trovò presto di fronte al National Exhibition Centre di Birmingham, estasiato dall'enorme facciata a vetri dell'edificio.

"Hi Marco! Did you have a good journey?" Jason Bridges era di fronte allo stand di Rispa International. Si diedero un'amichevole stretta di mano.
Ciao Marco! Hai fatto buon viaggio?
Non avevano troppo tempo da perdere in chiacchiere, infatti un paio di persone stavano già entrando nello stand per guardare dei volantini. Jason si avvicinò a loro per accoglierli, così Marco poté andare a cercare un bar. Aveva davvero bisogno di un caffè.

Si era appena seduto quando gli suonò il telefono.
"Hi, this is Jason. Sorry to bother you but I have a couple of guys ready to sit down with you and discuss logistics."
Ciao, sono Jason. Mi spiace disturbarti ma ho un paio di persone pronte a trattare con te e discutere della logistica.
"I'll be right there!" Marco mandò giù il caffè tutto d'un fiato e tornò di corsa allo stand.
Arrivo subito!

"This is Marco Perra. Marco, let me introduce James Burns and Nancy Turner from GasNPA." Jason fece un grande sorriso a Marco.
Questo è Marco Perra. Marco, lascia che ti presenti James Burns e Nancy Turner di GasNPA.
"Nice to meet you! Let's sit down over here" esclamò Marco.
Piacere! Sediamoci là.

"Thanks, Marco. Can I call you Marco? Well, we're interested in your components but we understand your factories are in Italy."
*Grazie, Marco. Posso chiamarti Marco? Bene, siamo interessati alla vostra com-
ponentistica ma capiamo che le vostre fabbriche sono in Italia.*

"That's right, James. But we have a wide **range** of international customers and
over the years have resolved all logistic problems. We can happily guarantee a
delivery timetable. Could you tell me what you're looking for? Where are you
guys located?"
*Giusto, James. Ma abbiamo un'ampia estensione di clientela internazionale e
negli anni abbiamo risolto ogni problema riguardante la logistica. Possiamo
opportunamente garantire un programma di consegne. Potresti dirmi cosa stai
cercando? Dove siete voi?*

"We're outside Glasgow, Scotland" rispose Nancy, sorridendo.
Siamo fuori Glasgow, Scozia.

"Glasgow. OK, that would be no problem at all. And tell me, what size would
the order be?"
*Glasgow. Bene, quello non sarebbe per niente un problema. E ditemi, di che
volume d'ordine stiamo parlando?*

"Well, we'd start at about a thousand pieces."
Beh, inizieremmo con circa un migliaio di pezzi.

"So it would be a **repeat order**, James?"
Allora si tratterebbe di un ordine ripetuto, James?

"That's right, yes. We'd expect a discount on your quoted price, of course..."
Sì, giusto. Ci aspettiamo uno sconto sulla quotazione, naturalmente...

"Let me show you how this would work and the times involved, James... Nancy.
We have a **turnaround** from order to delivery of about two weeks, for the UK:
that means from us receiving order confirmation to delivery at your door."
*Lasciate che vi spieghi come funziona e i tempi, James... Nancy. Abbiamo una
tempistica di un paio di settimane dall'ordine alla consegna, per il Regno Unito: questo significa dal momento in cui riceviamo l'ordine fino alla consegna a
domicilio.*

"That's amazingly fast!" esclamò Nancy. "Are you sure you can **meet** that kind of schedule?"
È incredibilmente veloce! Siete sicuri di riuscire a far fronte a un programma simile?
"The only **proviso** we need to make is the type of components. Do you need design changes? That will take more time. We must maintain our quality levels: we have the lowest failure statistics in the industry... and a reputation to protect. You understand..."
La sola condizione che mettiamo riguarda il tipo di componenti. Servono modifiche nella progettazione? Quelle richiedono più tempo. Dobbiamo mantenere i nostri livelli qualitativi: abbiamo le più basse statistiche di insuccesso nel settore... e una reputazione da mantenere. Capite...

"We can appreciate that, really! I'm impressed with your honesty" disse Nancy. "We wouldn't need any changes to the standard line, so... can we look at this in more detail?"
Lo apprezziamo molto, davvero! Sono colpita dalla tua onestà. Non abbiamo bisogno di cambiamenti dalla linea standard, perciò... possiamo vedere un po' più nel dettaglio?

"Sure, no problem" rispose Marco con un grande sorriso.
Certo, nessun problema.

Questo fu il primo di una lunga serie di incontri; Marco era stanco ma soddisfatto perché tutto stava andando proprio bene. C'erano ormai cinque contratti pronti per essere finalizzati.

Avrebbe solo voluto avere l'autorizzazione per firmare lui i contratti...

FIERE
Trade fairs

Le fiere (*trade fairs*) sono grandissime occasioni per le aziende per trovare nuovi clienti, vedere un po' cosa stanno combinando i concorrenti e creare nuovi contatti. Però, nonostante tutti questi aspetti positivi, sembra che partecipare alle fiere possa diventare una prospettiva spaventosa per molti: ovviamente la comunicazione è fondamentale durante una fiera e, pensa un po', l'inglese è la lingua maggiormente usata durante queste manifestazioni! Il segreto? Parla in maniera semplice e mostra entusiasmo per i prodotti della tua azienda. Se credi nel lancio dei tuoi prodotti, anche i tuoi clienti ci crederanno! Ora ti presento un tipo di linguaggio che ti sarà utile in occasione delle fiere. Ti mostrerò come:

1 WELCOMING CLIENTS
Accogliere potenziali clienti e creare un'atmosfera rilassata.

2 ENGAGING WITH A PROSPECT
Catturare l'attenzione dei clienti mostrando interesse verso le loro necessità.

3 WEIGHING UP A PROSPECT
Capire se la prospettiva è seria e come svincolarsi elegantemente se non fosse un vero affare.

4 MAKING A PITCH
Proporre il prodotto, esaltandone le caratteristiche migliori, e tentare di conquistare nuovi clienti.

5 SITTING DOWN
Organizzare un incontro in cui puoi offrire un parere esperto e qualificato.

6 CLOSING A DEAL
Concludere un affare.

ACCOGLIERE I CLIENTI

Welcoming clients

Innanzitutto è importante che le persone che riceverai nel tuo stand si sentano le benvenute e siano a proprio agio quindi, come prima cosa, presentati con un sorriso e dimostrati disposto a rispondere a eventuali domande.

Hello! Please... have a good look around. Take your time.
Salve! Per favore... guardatevi pure intorno. Fate con comodo.
I'm Andrew. If you have any questions, please don't hesitate to ask.
Sono Andrew. Se avete domande, non esitate a chiedere.
Welcome to the Rispa International stand. Make yourself at home!
Benvenuti allo stand di Rispa International. Fate come se foste a casa vostra!

Puoi anche utilizzare le tecniche *Small Talk* (le trovi nel capitolo 12) e così iniziare un rapporto col cliente. Comunque, ricordati che generalmente chi va in fiera ha poco tempo perché ha tante cose da vedere, quindi evita di far perdere tempo. Fai attenzione a ogni dettaglio per capire se ci sono prospettive realizzabili oppure no. I tuoi clienti potrebbero mostrare interesse verso un particolare prodotto o settore:

Hi, I'm interested in...
Salve, sono interessato a...
Hello, I'm looking for...
Salve, sto cercando...
I'd like to know more about this...
Vorrei sapere qualcosa in più riguardo questo...

ENTRARE IN CONTATTO CON IL POTENZIALE CLIENTE

Engaging
with a prospect

È importante mostrare interesse nei confronti di chi viene a visitare il tuo stand, quindi ascolta quello che ti viene detto e, se necessario, chiedi chiarimenti o maggiori dettagli. Se uno ti dice:

We are looking for eco-friendly alternatives.
Stiamo cercando alternative eco-compatibili.

Potresti rispondere così:

Recycling is important for us, too... this may interest you.
Il riciclo è importante anche per noi... questo potrebbe interessarle.
I understand completely... we have developed this range...
Capisco in pieno... abbiamo sviluppato questo assortimento...
What exactly are you looking for? We make...
Cosa state cercando esattamente? Noi facciamo...

Inoltre puoi anche anticipare le necessità dei clienti:

Many companies are cutting costs these days. Is that an issue for you, too?
Molte società stanno tagliando i costi, in questo periodo. È un problema anche per voi?
We offer special discounts for **bulk** buying. Would that interest you?
Abbiamo offerte speciali per chi acquista grandi quantità di materiale. Vi può interessare?
So tell me... do you **outsource** it? We specialise in...
Mi dica... voi fate outsourcing (esternalizzate)? Siamo specializzati in...

VALUTARE UN POTENZIALE CLIENTE

Weighing up a prospect

A questo punto devi valutare se c'è una seria prospettiva di concludere un affare, quindi ascolta bene se ti vengono fatte delle domande e chiedi a tua volta quello che ti serve sapere per capire bene le necessità del cliente. Se le risposte sono vaghe e approssimative... forse è meglio lasciar perdere, probabilmente non sono davvero interessati ai tuoi prodotti.
Queste possono essere le domande del cliente:

Could you tell me about your product range?
Potrebbe dirmi qualcosa riguardo la vostra gamma di prodotti?

Do you have a brochure? Could I take one?
Avete una brochure? Posso prenderne una?

Is this series suitable for... ?
Questa serie è adatta per... ?

Does your company have a stand here?
Avete uno stand qui?

So you need to find a supplier for... ?
Dunque le serve trovare un fornitore per... ?

What is the most important feature / factor for your evaluation of possible solutions?
Qual è la caratteristica / fattore più importante per la valutazione di possibili soluzioni?

I think we have exactly what you are looking for. Would our Luna range fit your needs?
Penso che abbiamo esattamente ciò che state cercando. Il nostro assortimento Luna è adeguato per le vostre necessità?

Le risposte che trovi qui sotto ti diranno chiaramente che non c'è un vero interesse... cioè non c'è trippa per gatti!

I'm just checking out our competitors, today.
Sto soltanto dando un'occhiata alla concorrenza, oggi.

I'm just having a look around.
Sto solo dando un'occhiata in giro.

Ecco come puoi salutare educatamente:

It's been great talking to you. Bye.
È stato bello parlare con lei. Arrivederci.

Well, hope to see you again. Bye.
Bene, spero di rivederla. Arrivederci.

All the best for the **rest** of your time here! Bye!
Buon proseguimento! Arrivederci!

Però puoi sempre proporre di scambiarvi i biglietti da visita:

Here's my card. Could I have yours, please?
Ecco il mio bigliettino. Posso avere il suo, per favore?

FARE UNA PROPOSTA

Making a pitch

Immagina che tutto stia filando liscio e sembra che il cliente sia seriamente interessato ai tuoi prodotti.

È il tuo momento! In passato si iniziava con lo slogan aziendale, tipo:

We're market leaders because we believe in quality.
Siamo i leader del mercato perché crediamo nella qualità.

Our product is the best because we listen to our customers.
I nostri prodotti sono i migliori perché diamo ascolto ai nostri clienti.

Our products combine modern Italian design with traditional Italian craftsmanship: that's a recipe no one else can beat.
I nostri prodotti combinano il design italiano moderno con la tradizione artigianale italiana: questa ricetta è imbattibile.

Comunque, i bei tempi delle grosse vendite sembrano finiti; oggi si punta soprattutto al trovare una clientela fidelizzata e che garantisca acquisti nel lungo periodo. Spiega semplicemente le caratteristiche del tuo prodotto o del servizio che offre la tua azienda e cerca la miglior soluzione per il cliente.

Now I understand your needs, let me show you a couple of solutions.
Ora capisco le vostre necessità, lasciatemi spiegare un paio di soluzioni.

So you are in the lighting industry. We supply LEDs to all the major producers in Italy.
Quindi siete nel campo dell'illuminazione. Noi forniamo LED ai maggiori produttori in Italia.

We can't guarantee your success but we do guarantee our components quality.
Non possiamo garantire il vostro successo ma garantiamo la qualità dei nostri componenti.

We can offer a 10% discount at that volume.
Possiamo offrire uno sconto del 10% per quel volume d'acquisto.

Dimostra di capire il tuo interlocutore usando espressioni come:

That makes sense.
È comprensibile.

I follow you.
La seguo.

TRATTARE
Sitting down

Ecco, è giunto il momento di fare una trattativa col potenziale cliente e prendere il controllo della situazione; ovviamente ti interessa sapere meglio chi sono queste persone con cui stai per concludere l'affare e se sono autorizzate a prendere una decisione.

Per prima cosa, fissa un appuntamento per l'incontro.

A: I think you should sit down with our logistics manager.
B: That would be great.
A: OK. Let's set up a meeting... how about tomorrow at 11.00?
B: Could we make it 10.30?
A: No problem at all. See you tomorrow at 10.30.

A: *Penso che dobbiate trattare col nostro responsabile della logistica.*

B: *Sarebbe grandioso.*

A: *OK. Fissiamo un appuntamento... cosa ne dite di domani alle 11.00?*

B: *Potremmo fare alle 10.30?*

A: *Non c'è alcun problema. Ci vediamo domani alle 10.30.*

Adesso è il momento di prendere il controllo della situazione e ottenere delle risposte concrete dai potenziali clienti. Chiedi quale budget hanno a disposizione, in che tempi vogliono effettuare l'acquisto e se hanno le necessarie autorizzazioni per finalizzare la transazione.

What kind of budget do you have for this project? / What's your budget?
Che tipo di budget avete per questo progetto? / Qual è il vostro budget?

What's your timeline / deadline for this?
Quali sono le vostre tempistiche?

When would you need delivery?
Quando avreste bisogno della consegna?

Can you make a decision today?
Potete prendere una decisione oggi?

Do we need to bring in someone to finalise the question of price?
C'è bisogno di coinvolgere qualcun altro per finalizzare la questione del prezzo?

Can we make a deal today?
Possiamo concludere l'affare oggi?

CONCLUDERE UN AFFARE

Closing a deal

Bene, è fatta! Ora puoi finalizzare l'affare con una bella stretta di mano.

Tutte le frasi che trovi qui sotto sono espressioni per dire: "Affare fatto!"

Agente: Can we **shake** on this?

       Let's call it a deal!

       We have a deal then. Let's shake on it.

       OK. Let's go for it!

Cliente: You've got a deal!

       We have a deal.

E infine, salutare:

I really appreciate your time today. We'll be in touch tomorrow.

Ho apprezzato molto il tempo che ci ha dedicato. Ci sentiamo domani.

It's been great talking to you. See you very soon.

È stato bello parlare con lei. Ci vediamo prestissimo.

Nel **TOOLKIT** alla fine del libro troverai una sezione dedicata ai termini che ti saranno utili durante le manifestazioni fieristiche.

TERMINI COMMERCIALI INTERNAZIONALI

International Commercial Terms

Quando concludi un affare bisogna discutere della consegna del materiale; qui trovi una breve spiegazione di alcuni termini inglesi:

LETTER OF CREDIT - Questa lettera proviene da una banca e garantisce che il pagamento sarà ricevuto dal venditore entro i termini stabiliti (l'ammontare e la data del pagamento). Nel caso in cui l'acquirente non riuscisse a far fronte al pagamento, sarà la banca stessa a farsi carico del saldo dell'importo dovuto.

BILL OF LADING - È la bolla di consegna, un documento ufficiale emesso dal corriere per il venditore; su questo documento è indicato il dettaglio della merce (a volte dimensioni e peso degli imballaggi), quantità e destinazione.
Il *Bill of Lading* è anche una ricevuta: infatti dev'essere firmata da un rappresentante autorizzato del mittente, dal corriere stesso e dal destinatario dei beni.

Un *Bill of Lading* può presentare diverse condizioni, per esempio:

CIF (Cost, Insurance & Freight), **CFR** (Cost & Freight) - Il mittente copre le spese di trasporto, fino al porto o deposito di destinazione. CIF include anche un'assicurazione (a carico del mittente) fino al punto della consegna. Invece CFR significa che una volta che il carico si trova nel container, i costi di assicurazione saranno a carico dell'acquirente.

FOB (Free On Board) - In questo caso il venditore è responsabile finché il carico non si trova a bordo; successivamente, l'acquirente dovrà rispondere di tutte le spese, compresa l'assicurazione.

EX-WORKS – L'acquirente copre tutti i costi di trasporto e assicurazione della merce

DDU (Delivered Duty Unpaid), **DDP** (Delivered Duty Paid) – Il corriere copre tutti i costi. DDU significa che l'acquirente paga le spese doganali, cioè le spese di importazione; mentre DDP vuol dire che queste tasse della dogana sono a carico del venditore

VAT (Value Added Tax) – Corrispondente alla nostra I.V.A., è una tassa aggiunta al prezzo del prodotto

RANGE – Generalmente indica una gamma; in questo caso vuol dire l'estensione della clientela estera

REPEAT ORDER – Ordine ripetuto, cioè un tipo di ordinazione che si effettua periodicamente, più di una volta

TURNAROUND – È il tempo necessario per una spedizione o per il completamento di una operazione, in ambito lavorativo. Per esempio, nella storia è il tempo che intercorre tra l'ordine e la consegna della merce. *Turnaround* però vuol dire anche "inversione, cambio di tendenza"

MEET – Non vuol dire solo "incontrare", ma anche "soddisfare, far fronte" a un progetto o a qualcosa di prefissato

PROVISO – Condizione, clausola. Attenzione che in inglese *you make a proviso*, mentre in italiano "metti una condizione"

WEIGHING UP – Valutare, soppesare, capire le intenzioni di qualcuno; qui significa decidere quanto serio è il potenziale cliente che ti trovi davanti

PITCH – Letteralmente significa "lanciare una palla" e questo termine viene dall'ambito sportivo, in particolare dal baseball. Nell'ambito del business, un *pitch* è una presentazione breve ma efficace del prodotto

SITTING DOWN – Si chiama così una trattativa commerciale, è un incontro (durante una fiera) in cui fisicamente *you sit down*, cioè ti siedi con un potenziale cliente per una discussione approfondita

DEAL – Un accordo, un affare

BULK – Acquistare una grande quantità, di solito a prezzo scontato

OUTSOURCE – Letteralmente significa esternalizzare, cioè appoggiarsi a un'azienda esterna per mansioni normalmente svolte da personale interno

L'*outsourcing* iniziò con servizi di pulizia degli uffici ma oggi comprende attività di *call centre*, contabilità, informatica e anche la manifattura del prodotto finale

REST – Il resto, rimanente. *To rest* però ha un altro significato; vuol dire riposare. Quindi attento a non confondere il riposo con... il resto!

SHAKE – Letteralmente significa "scuotere"; in questo caso è sottinteso che si tratti di *handshake*, che significa "stretta di mano". Ovvero, il momento in cui si sigla un accordo verbalmente e lo si sigilla con una stretta di mano

IN TOUCH – In contatto

Presentations

A presentation with a smile
The language
of presentations
Ten useful tips

CHAPTER SIXTEEN

Presentations

UNA PRESENTAZIONE COL SORRISO

A presentation with a smile

Quando ero molto (più) giovane, cantavo e suonavo per strada. In Inghilterra fare il *busker* è un lavoro nobile, anzi tanti musicisti dicono anche non sei un vero *performer* se non hai mai suonato per strada. In Italia ho capito che la traduzione per *busker* era "sfigatello". Comunque, anche per fare lo sfigatello devi imparare a comunicare bene con la gente se no chi passa di lì non si ferma... e io ho imparato l'arte della comunicazione proprio per strada.

Da allora ho fatto tante *presentations*... (un centinaio solo per i miei libri) e ho insegnato a molti dirigenti importanti come fare una bella *presentation*.

This is what I tell them.

IL LINGUAGGIO DELLE PRESENTAZIONI

The language of presentations

All'inizio bisogna presentare chi parlerà durante la presentazione:

It is my pleasure to introduce our International Marketing Manager from Italy, Marco Perra.

Con mio grande piacere vi presento il nostro direttore marketing internazionale dall'Italia, Marco Perra.

We are pleased to have Gordon Sumner with us today. He is going to talk to us on the subject of...
Abbiamo il piacere di avere qui con noi oggi Gordon Sumner. Ci parlerà di...

I'm sure most of you already know James Granger who recently joined us, here at Lunatic Productions...
Sono sicuro che la maggior parte di voi già conosce James Granger che si è recentemente unito a noi, qui alla Lunatic Productions...

Chi parla (che si chiama *speaker*) accoglie le persone che assisteranno alla presentazione e poi introduce a grandi linee gli argomenti. Questo aiuterà a capire quello che verrà detto dopo; in realtà fare questo breve riassunto aiuta anche lo *speaker* stesso ad avere sotto controllo tutti gli argomenti che tratterà.

Facciamo finta che lo *speaker* sia tu. Puoi usare frasi di apertura simili a queste:

Hello, thank you for inviting me to speak here today. This morning I'm going to explain our new marketing initiative. I'd like to begin with an **overview**...
Salve, grazie per avermi invitato qui a parlare oggi. Questa mattina spiegherò la nostra nuova iniziativa di marketing. Vorrei iniziare con una visione d'insieme...

Hello, for those of you who don't know me I'm Gordon. Today I'll be talking about the role of the police in modern society. My **talk** will **cover** three main areas: firstly... secondly... and finally...
Salve, per quelli che non mi conoscono sono Gordon. Oggi parlerò del ruolo della polizia nella società moderna. Il mio discorso tratterà di tre grandi temi: innanzitutto... in secondo luogo... e infine...

Good afternoon everyone! As you have just heard, I'm James from Lunatic Productions. Today I'd like to talk to you about financing films. First I'll talk about finding investors; next I'll cover the question of copyright. After that I'll **outline** the costs of filming; finally, I'll **sum up** the situation in this Country and the future of film making.

Buon pomeriggio a tutti! Come avete appena sentito, sono James della Lunatic Productions. Oggi vorrei parlarvi del finanziamento dei film. Prima parlerò di come trovare degli investitori; successivamente affronterò la questione del copyright. Dopodiché descriverò a grandi linee l'argomento dei costi di produzione; infine, riassumerò la situazione in questo Paese e il futuro della produzione cinematografica.

Ricordati di incoraggiare il pubblico a porre domande e indica i momenti in cui ti possono interrompere.

Please, feel free to ask questions **as I go along**.
Per favore, sentitevi liberi di porre domande mentre proseguo.

Please, ask your questions at the end of the presentation when there will be a question and answer session.
Per favore, fate le domande alla fine della presentazione quando ci sarà il momento per domande e risposte.

Has anyone got any questions at this point?
Qualcuno ha domande a questo punto?

Puoi fare riferimento a uno degli strumenti visuali per spiegare le cose:

As you can see from the chart...
Come potete vedere dal grafico...

Let's look at the company's new slogan.
Guardiamo il nuovo slogan aziendale.

Please look at the sales figures. We can see that sales fell dramatically in July.
Per favore guardate le cifre delle vendite. Possiamo vedere che le vendite sono crollate drammaticamente a luglio.

Se vuoi avere delle opinioni:

I will now answer any questions. Has anyone anything they wish to ask?
Ora risponderò alle domande. Qualcuno ha qualcosa da chiedere?

I'd appreciate your **feedback**. Who would like to start?
Apprezzerei le vostre opinioni. Chi vuole iniziare?

If anyone has any opinion they'd like to share with us, please don't hesitate...
Se qualcuno vuole condividere la propria opinione non esiti...

E infine, la conclusione:

Let me end by summing up what we have learnt / seen today.
Fatemi terminare riassumendo quello che abbiamo appreso / visto oggi.

In conclusion, I'd like to...
In conclusione, vorrei...

Well, that's it! I hope you have all found this talk interesting / useful.
Bene, questo è tutto! Spero che abbiate trovato interessante / utile questo discorso.

I'd like to thank everyone here for listening and for all the useful feedback. Well, that's it. Have a good afternoon!
Vorrei ringraziare tutti per l'ascolto e per i feedback, tutti molto utili. Bene, è tutto. Buon pomeriggio!

Adesso invece immagina di essere una delle persone che assiste.
Se vuoi interrompere per porre una domanda, puoi dire così:

Sorry to interrupt, but...
Mi spiace interrompere, ma...

If I may come in here, don't you think...
Se posso intromettermi, non pensa che...

Excuse me, I'd like **to point out** ...
Mi scusi, vorrei far notare...

Se non hai capito qualcosa:

I'm sorry, I didn't hear what you said.
Mi spiace, non ho sentito quello che ha detto.

Would you mind repeating that point again?
Le spiacerebbe ripetere ancora quel punto?

Can / Could you please speak more slowly / loudly?
Può / Potrebbe parlare più piano / più forte (a voce alta), per favore?

DIECI CONSIGLI UTILI
Ten useful tips

Qui trovi dieci consigli per preparare una buona *presentation*:

1 SMILE

Il miglior modo per iniziare una *presentation* e per salutare il tuo pubblico è usare il sorriso. Se sorridi dimostrerai di essere sicuro di te ma anche cordiale e disponibile; questo metterà tutti a proprio agio. Se poi sei davvero tanto sicuro di te, allora puoi azzardare a iniziare con una barzelletta o una battuta.
Personalmente trovo che l'onestà sia sempre vincente; anche quando faccio cabaret. La prima volta che ho fatto una battuta e nessuno ha riso ho detto "Oddio, è successo! Il mio incubo peggiore, nessuno ha riso... e voglio morire ma devo andare avanti... rischiando ancora più umiliazione pubblica. Questa

situazione mi ricorda tanto la band sul Titanic, che andava avanti a suonare mentre la nave andava giù... vi capisco, ragazzi". Ho detto così e hanno riso tutti! Se la notte prima non hai dormito perché eri agitato... dillo!

Hi everyone, if I don't look very enthusiastic about this presentation it isn't because it isn't interesting; I'm just very scared!
Salve a tutti, se non sembro molto entusiasta di questa presentazione non è perché non sia interessante; ho solo tantissima paura!

Hi everyone, I hope you all slept well last night because, knowing I had to do this presentation, I didn't!!! (smile)
Salve a tutti, spero che abbiate dormito bene la scorsa notte perché, sapendo di dover fare questa presentazione, io non ho chiuso occhio!!! (sorriso)

Se hai il coraggio di essere onesto riguardo la tua agitazione, ti ameranno. Anche perché hanno passato tutti lo stesso trauma. Sicuro!
Le battute migliori sono degli aneddoti presi dalla vita reale, con un briciolo di ironia. Questo è un esempio del direttore marketing della Smartphone Limited:

American comedian Sid Caesar once said "The guy who invented the first wheel was an idiot. The guy who invented the other three wheels – he was a genius". That joke explains the genius of this company and what we are doing. People have designed a million versions of the smartphone, but ours is the first that...
Il comico americano Sid Caesar una volta ha detto "Il tizio che ha inventato la prima ruota della storia era un idiota. Chi ha inventato le altre tre ruote – quello era un genio". Questa battuta spiega la genialità della nostra azienda e quello che stiamo facendo. Sono state progettate milioni di versioni di smarphone, ma il nostro è il primo che...

Gli inglesi usano il senso dell'umorismo per rompere la tensione che ci può essere e per accendere l'interesse dei partecipanti. In alcuni Paesi l'uso dell'umorismo può essere interpretato come segno di poca professionalità ma spessissimo i britannici usano questo approccio.

In questa maniera puoi divertire la gente e quindi ottenere attenzione; questo discorso vale per ogni tipo di presentation, indipendentemente dall'importanza o dalla serietà dell'argomento trattato.

2 DON'T USE VISUAL AIDS EXCESSIVELY

Usa *slides*, stampe e supporti grafici per illustrare le tue idee. Accertati di usare frasi brevi e un linguaggio chiaro e semplice. E non leggere mai dalle *slides*, mai! La gente si annoierà presto e smetterà di darti retta; dopotutto, ognuno di noi è in grado di leggere quindi la tua presenza diventerebbe superflua. È meglio che le tue idee vengano esposte direttamente da te.

3 LOOK AT THE AUDIENCE

In moltissime situazioni gli inglesi evitano il contatto visivo; se fai un viaggio in treno in Inghilterra ti accorgerai che è vero, nessuno ti guarda negli occhi. Ma non nel business! Se eviti di guardare negli occhi sembrerà che hai qualcosa da nascondere, che stai mentendo o che non sei a tuo agio. Guarda le persone che hai davanti a te e instaura un rapporto con chi ti sta ascoltando. Con tutti, però! Se continui a fissare la biondina lì a sinistra, in prima fila, rischi di perdere l'attenzione di gran parte delle altre persone (e lei si sentirà in imbarazzo perché continui a fissare sempre e solo lei!). Ricorda di trattare uomini e donne alla stessa maniera, ovvero con rispetto; altrimenti potresti risultare davvero molto offensivo.

4 INTERACT WITH THE AUDIENCE

Fai attenzione, *talk WITH them, not TO them*. Fai delle domande e dai la possibilità che delle domande siano rivolte anche a te. Gli inglesi, i giapponesi e gli indiani non interrompono mai chi sta parlando, perciò devi offrire tu l'occasione perché parlino. Fai una piccola pausa al termine di ogni punto del tuo discorso e guardati intorno; così avrai la possibilità di guardare le persone in faccia e capirai se ti stanno seguendo o se sono confusi. Queste pause permetteranno loro di farti delle domande senza interromperti.

5 TELL THE TRUTH

Non tentare di anticipare il parere di chi ti sta ascoltando. Dai la tua opinione in maniera onesta. Ti guadagnerai stima e rispetto e così si fideranno di te.

6 DON'T STAND TO ATTENTION

Non sei nell'esercito! Ricordati di muoverti quando parli; dei gesti possono supportare le tue parole e le tue spiegazioni. Uno *speaker* animato comunica passione e aumenta il coinvolgimento del pubblico. Non esagerare, però! Ormai conosciamo tutti certi famosissimi gesti italiani...

7 LISTEN TO YOUR AUDIENCE

Non lasciare che la reazione di chi sta partecipando alla tua *presentation* ti distragga o, peggio ancora, ti scoraggi. Se qualcuno scuote la testa quando dici qualcosa... lascialo perdere, magari c'è una mosca che gli sta volando intorno e lo disturba! Se ci pensi bene, è difficile che proprio tutti possano essere d'accordo con quello che stai dicendo; porta avanti fino alla fine il tuo discorso sviluppando tutti i punti che ti eri prefissato.

8 ADAPT THE WAY YOU SPEAK TO YOUR AUDIENCE

Devi avere ben presente come stai parlando: la velocità e la complessità del tuo linguaggio. Potresti essere nel Regno Unito o in Inghilterra ma magari le persone che ti trovi davanti vengono anche da altri Paesi. Parla lentamente e più chiaramente possibile. Cosa dici, mi sto ripetendo? È vero ma sembra che un sacco di gente non riesca a capire questo punto...

9 INCLUDE AN OUTLINE

All'inizio della *presentation* ricorda di fare una breve panoramica di quello di cui parlerai; breve ma chiara. Nel Regno Unito ti ameranno per questo perché la chiarezza e l'ordine sono qualità apprezzatissime! Peraltro questo permette a tutti di seguire facilmente il filo logico e la progressione del discorso. Si saprà quando la presentazione sta per finire... così non ci saranno scene patetiche con la gente che guarda l'orologio ogni cinque secondi!

10 SHOW THAT YOU ARE UNIQUE

Trova un modo per dimostrare che sei unico! Perché? Così si ricorderanno di te e della tua presentazione. Comunque, mi raccomando... vedi di non farti ricordare per essere "quel tizio che è scivolato e ha piantato il muso per terra"!

Puoi vedere un esempio concreto di presentation raccontato nella storia.

Il suo cuore sembrava impazzito. Batteva velocissimo. Era la prima presentation di Marco dopo il flop di quella conference call. Ecco lì tutti schierati... Pierre Debonge, Pedro Navarro Olmos e Mr. Collins!

"Hello everyone! As most of you know, I'm Marco Perra and I'm happy to welcome you here today. You all have a copy of the meeting agenda, right? Today I'd like to get your views on the new marketing campaign, but first I'll **run through** the three principle changes we're bringing in."

Salve a tutti! Come la maggior parte di voi sanno, sono Marco Perra e sono lieto di darvi il benvenuto qui oggi. Avete tutti una copia dell'ordine del giorno, giusto? Oggi vorrei avere le vostre opinioni sulla nuova campagna di marketing, ma prima ripasserò i tre cambiamenti principali che sono stati introdotti.

Marco fece una piccola pausa, sorrise e rivolse lo sguardo a ognuno dei partecipanti.

"Please don't hesitate to ask questions or **put forward** your views as I go along. OK, so we'll be looking at the new marketing strategy."

Vi prego di non esitare a fare domande o proporre i vostri punti di vista man mano che vado avanti. Bene, vedremo le nuove strategie di marketing.

Marco fece un'altra pausa e fece un respiro profondo.

"Last week I was at the Birmingham trade fair and I noted that many of our customers were..."

La scorsa settimana ero alla fiera di Birmingham e ho notato che molti dei nostri clienti erano...

Mr. Collins alzò lo sguardo con rabbia. Marco terminò quello che stava dicendo e fu risollevato nel vedere che il suo capo ora sembrava più rilassato.

"Are there any questions at this point?"

Ci sono domande fin qui?

"I'd like to ask how we can increase feedback from our customers." chiese Pierre Debonge, con un po' di ostilità nel tono di voce.

Vorrei chiedere come possiamo aumentare il feedback da parte dei clienti.

"I think I can answer that best by **moving on** to the second point, Pierre, if I may?"

Penso di poter rispondere meglio passando al secondo punto, Pierre, se posso?

Silenzio.

"There are three really innovative and important steps we can take... 'Patience is something you admire in the driver behind you but not in the one in front of you.' That is true, isn't it?"

Ci sono tre passi davvero innovativi e importanti che possiamo fare... 'La pazienza è una cosa che ammiri nel guidatore che sta dietro di te ma non in quello davanti a te.' Vero, no?

Marco fece una pausa visto che tutti stavano sorridendo e Jason (sia benedetto!) scoppiò a ridere.

"The Follow My Order service will put our customers in the seat of the driver in front. They will see exactly..."

Il servizio Follow My Order metterà il nostro cliente sul sedile del guidatore che è davanti. Vedrà esattamente...

La presentation andò liscia fino alla sezione conclusiva quando Marco stava rispondendo a una domanda di Jason mentre, dal computer, ha lanciato una slide con un'immagine dell'Europa dell'est. Era meravigliato nel vedere che le bocche di tutti si spalancarono e nei loro occhi un immenso stupore. Cosa avevano visto? Si girò. Vide anche lui. Non poteva credere ai suoi occhi.

Sullo schermo... proiettata dal suo computer... c'era un'immagine di Mr. Collins...

Be', diciamo che la faccia di Mr. Collins era stata appiccicata sulla foto di una donna completamente nuda. Marco quasi quasi scoppiò a ridere. Rapidissimo col mouse cliccò sull'immagine seguente: ancora peggio! Allora subito spense il computer e tentò di dire qualcosa.

"Well... I think that was everything. Any questions?"
Be'... penso sia tutto. Domande?
Mr. Collins si alzò in piedi. "I have a few for you. Could you come to my office in about ten minutes, Marco?"
Io ne ho qualcuna per te. Potresti venire nel mio ufficio tra una decina di minuti, Marco?

Nessuno guardò Marco mentre risistemava la scrivania e usciva da quella stanza. Jason lo seguì e gli sussurrò in un orecchio "Who made the images? Bloody clever work!"
Chi ha fatto quelle immagini? Maledettamente geniale!
"I can guess." borbottò Marco.
Posso immaginare.

Marco entrò nell'ufficio di Mr. Collins e rimase sorpreso nel vedere che c'era anche Susan ad attenderlo.
"Well, Marco, you finally showed your talent today... the presentation went very well... until the end. Don't worry; I saw you knew nothing about those images from your face. That is the least of your worries, young man."
Bene, Marco, finalmente hai mostrato quanto vali oggi... la presentazione è andata molto bene... fino alla fine. Non preoccuparti; ho visto dalla tua faccia che non sapevi nulla di quelle immagini. Questo è l'ultimo dei tuoi problemi, giovanotto.

Mr. Collins fissò entrambi per un secondo. La sua espressione si indurì.

"You're both fired!" urlò. "Who **the hell** told you to take Susan's place at the trade fair in Birmingham? Why the hell weren't you there Susan? We might have lost several big clients because of your incompetence. The pair of you! The audacity! Didn't it occur to you to tell anyone what you were doing? I'm sorry but I can't have this. Leave today if you want... we'll pay three months' salary, no more!"

Siete entrambi licenziati! Chi diavolo ti ha detto di prendere il posto di Susan alla fiera di Birmingham? Perché diavolo non eri là, Susan? Potremmo aver perso un sacco di grossi clienti per colpa della vostra incompetenza. Voi due! La vostra audacia! Non vi è venuto in mente di dire a qualcuno quello che avevate intenzione di fare? Mi spiace ma non posso accettarlo. Andate via pure oggi, se volete... vi pagheremo tre mesi di stipendio, nient'altro!

Marco guardò Susan che stava lì, senza parole. Si sentiva strano. Non completamente infelice. Si sentiva... libero. Forse questo poteva essere un nuovo inizio. Guardò di nuovo Susan. Cosa stava provando?

"Are you thinking what I'm thinking?" le chiese. Marco sorrise... aveva uno strano sorriso in volto...
Pensi anche tu quello che penso io?

Susan aprì leggermente la sua bellissima bocca, poi... scoppiò a piangere.

Exercise

Ora che sei un maestro delle presentations leggi queste frasi e decidi se sono vere (**true**) oppure false (**false**).

1   The English use humour in presentations because they like a good laugh as much as beer.   TRUE   FALSE

2   Use visual aids when they help the audience understand your message.   TRUE   FALSE

3   Look at the audience only when they aren't looking at you.   TRUE   FALSE

4   If you don't pause during your presentation, the audience probably won't interrupt you.   TRUE   FALSE

5   Never tell the truth; lies are the best way to convince your audience.   TRUE   FALSE

6   Animate your ideas with gestures and your intonation.   TRUE   FALSE

7   If you are shy, you may call a clown to introduce the presentation.   TRUE   FALSE

8   Be aware of the language abilities of your audience and speak at an appropriate speed.   TRUE   FALSE

9   If you don't like your audience, you can choose not to answer their questions.   TRUE   FALSE

10   Show the audience that you are unique and they will never forget you.   TRUE   FALSE

GLOSSARY

OVERVIEW – Sguardo, visione d'insieme, panoramica

TALK – Discorso, conferenza

COVER – Trattare, affrontare un argomento

OUTLINE – Descrivere a grandi linee, abbozzare un discorso

SUM UP – Riassumere, ricapitolare

AS I GO ALONG – Mentre vado avanti, man mano che proseguo

FEEDBACK – Feedback, opinione, un commento di ritorno

TO POINT OUT – Far notare, segnalare

AIDS – Ausili, supporti (plurale di *aid*)

INTERACT – Interagisci

STAND TO ATTENTION – Stare sull'attenti

RUN THROUGH – *Phrasal verb* che significa ripassare

PUT FORWARD – Letteralmente significa "mettere davanti", cioè proporre, farsi avanti

MOVING ON – Il *phrasal verb to move on* significa passare oltre

THE HELL – *Hell* significa inferno, ma si usa come l'espressione italiana "diavolo"; cioè "chi diavolo ti ha detto... cosa diavolo hai fatto..." eccetera

Accommodation

CHAPTER SEVENTEEN

Accommodation

Andreo, Marco e Kristen erano seduti a un tavolino del bar dell'albergo.

"Look. Here in the **classified ads** there are lots of flats for **rent**" disse Kristen.

Guardate. Qui tra gli annunci ci sono un sacco di appartamenti in affitto.

"Yes, well…" Marco diede un'occhiata e sorrise, "Did you look at the rent they are asking? We can't even afford the **deposit** and they ask for a month's rent **up front** as well!".

Sì, be'… hai visto che affitto chiedono? Non possiamo nemmeno permetterci la caparra e chiedono anche un mese in anticipo!

"We looked yesterday night on the internet, Kristen. Marco had find a great site full of… what you call them, Marco?" chiese Andreo.

Versione corretta: "We looked on the internet last night, Kristen. Marco found a great site full of… what do you call them, Marco?" - Abbiamo cercato ieri sera in internet, Kristen. Marco ha trovato un bel sito pieno di… com'è che li chiami, Marco?

MACCHERONI ALERT!

Terribile e sbagliatissimo dire "yesterday night"! Si dice "last night". E poi non si spezza la frase in questa maniera, avrebbe dovuto mettere "last night" all'inizio o alla fine della frase. Che troglodita… Tempo verbale sbagliato, last night, azione conclusa, quindi Simple Past. E poi ancora che dimentica il "do"!

"**Estate** agents."

Agenti immobiliari.

Andreo e Marco sembravano molto depressi. Prima Marco ha perso il lavoro e poi dall'ufficio gli hanno mandato un SMS con l'avviso di lasciare l'appartamento entro un mese. Un messaggio sul cellulare! Marco era davvero furioso: aveva lavorato per loro per otto anni!

"You could share a flat!" suggerì Kristen.

Potresti condividere un appartamento.

Andreo rise amaramente.

"We went and saw a house yesterday evening" rispose Marco "it was a nightmare. We walked in and there in the living room... was a punk guy with green hair asleep on the sofa. It was 5 in the afternoon! A girl showed us the kitchen... I couldn't believe it: a nightmare!".

Siamo andati a vedere una casa ieri verso sera, è stato un incubo. Siamo entrati e nel salotto c'era... un tizio punk coi capelli verdi che dormiva sul divano. Erano le cinque del pomeriggio! Una ragazza ci ha mostrato la cucina... non potevo crederci: un incubo!

Andreo rise. "Fun people, no? Bottles, bottles for all. And it were soooooo dirty for me... even me!!!"

[Versione corretta: "Fun people, right? Bottles all over the place. And it was soooooo dirty... even for me!!!" – Gente divertente, no? Bottiglie dappertutto. Ed era così taaaaaaanto sporco... perfino per me!!!]

─── MACCHERONI ALERT! ───

In inglese non si mette "no?" alla fine della frase, come in italiano. Usa "right?" decisamente meglio!

Tutti e tre erano in silenzio.

"Don't talk about the hostels" disse Marco "I'm not sharing a room at my age."

Non parliamo degli ostelli, non intendo condividere una stanza alla mia età.

Tutti e tre erano in silenzio, di nuovo.

"What about a disco ball?" suggerì improvvisamente Andreo.

[Cosa ne dite di una palla da discoteca?]

"Do you want to live in a disco ball?!" chiese Marco.

[Vuoi vivere in una palla da discoteca?!]

"No... I'm talking in the hotel! We can append it from the ceiling over there. People dances... and hey! We can have music!"
Versione corretta: "No... I'm talking about the hotel! We can hang it from the ceiling over there. People could dance... and hey! We could have music!" – No... sto parlando dell'albergo! Possiamo appenderla al soffitto lassù. La gente può ballare... hey! Possiamo avere della musica!

—— MACCHERONI ALERT! ——
"Parlare di qualcosa" si dice "to talk about". Inoltre "to append" è un false friend, "appendere" si dice "to hang". E ancora, "people" è plurale!

"**Live** bands?!" rise Kristen.
"Yes. Good idea, eh, Marco? Good story for newspaper. We get in the newspaper like Susan say, remember Marco?"
Versione corretta: "Yes. Good idea, eh, Marco! A good story for the newspapers. We'll get our story in the newspapers like Susan suggested; don't you remember, Marco?!" – Sì. Bell'idea, eh, Marco? Bella storia per il giornale. La nostra storia finirà sul giornale come suggeriva Susan; ricordi Marco?

—— MACCHERONI ALERT! ——
Andreo vuole dire che la loro storia andrà su tutti i giornali ma ha usato il singolare.

Marco non rispose. Tutti erano di nuovo in silenzio.

Jimmy entrò e li vide lì seduti.
"I thought you lot were going to **brighten up** the place, not turn it into a funeral parlour!"
Pensavo voleste ravvivare il posto, non trasformarlo in una camera mortuaria!
Tre teste si alzarono; tre facce tristi lo fissarono.
"OK. So what is the big problem now?" chiese.
OK. Allora, qual è il problema adesso?

Kristen spiegò la situazione, Jimmy annuì e uscì dal bar. Dopo un attimo rientrò e lanciò una chiave ad Andreo e una a Marco.

"Problem solved, you're staying here! Now get your heads to work on the real problem and transform this place into a **goldmine**. OK?!"

Problema risolto, starete qui! Ora accendete i cervelli sul vero problema e trasformate questo posto in una miniera d'oro. D'accordo?!

SISTEMAZIONE NEL REGNO UNITO

Accommodation in the UK

Ovviamente spero che questo libro possa esserti utile per esplorare nuovi orizzonti. Questo capitolo ti aiuterà a farlo in una maniera pratica.

Nei primi giorni o nelle prime settimane della tua permanenza nel Regno Unito potrebbe essere necessario trovare una sistemazione temporanea mentre ne cerchi una più definitiva. Che opzioni ci sono? Ci sono alberghi, *guest houses* (l'equivalente delle pensioni in Italia) e *Bed and Breakfast* (B&B).

Molte di queste soluzioni ti permettono di avere tariffe ridotte per lunghe permanenze, perciò spiega bene la tua situazione e... chiedi uno sconto!
Puoi comunque cercare anche una sistemazione in albergo o in ostello attraverso siti specifici.

Uno dei migliori siti si chiama **hotelsclick.com**

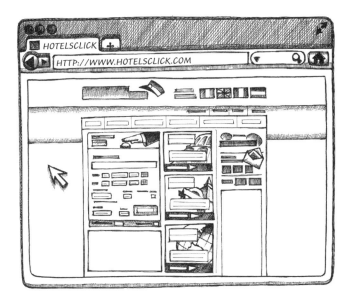

Guarda come si effettua una prenotazione on-line.

Innanzitutto digita il nome della città in cui intendi soggiornare. Puoi anche inserire il nome di un albergo, se già lo conosci, nella riga "hotel". È poi importante specificare la data di arrivo e di partenza previste.

Seleziona il tipo di stanza tra le molte proposte e scegli se hai preferenze sul numero di stelle dell'albergo. Dopo aver premuto il pulsante *Search* otterrai una lista di risultati tra cui potrai scegliere. Di ogni albergo puoi vedere un breve riassunto con nome, numero di stelle, indirizzo, foto, ubicazione, breve descrizione e prezzo. Puoi ottenere ulteriori dettagli per ogni soluzione; quando hai trovato la sistemazione per te più congeniale, passa allo step della prenotazione cliccando su *Book*.

Una nuova pagina ti permetterà di inserire i tuoi dati personali, il tuo indirizzo email e di effettuare la prenotazione. *It's very simple!*

CHE TIPO DI SISTEMAZIONE?

What type of accommodation?

Ci sono diversi tipi di case nel Regno Unito:

DETACHED HOUSE – un edificio singolo indipendente, per una sola famiglia.

SEMI-DETACHED HOUSE – un edificio diviso in due diverse unità abitative.

BUNGALOW – una casa costruita su un solo livello.

FLAT (or apartment) – un appartamento.

Ma nelle categorie delle case che si possono affittare ci sono anche:

SHARED HOUSE – una casa in cui gli spazi sono divisi tra coinquilini, compreso il soggiorno, la cucina e il bagno.

BEDSITTER – una casa divisa in stanze separate e ben definite, dove solo la cucina e il bagno sono in comune.

AFFITTO O ACQUISTO?

Rent or buy?

"An Englishman's home is his castle"

I britannici considerano la propria casa come fosse un castello e la maggior parte della gente tende a comprare la casa. Ciò significa che il mercato degli immobili in affitto è molto più ridotto rispetto al resto d'Europa; infatti solo il 10% delle famiglie vive in affitto, nel Regno Unito. Il risultato è che c'è una grande richiesta per le case in affitto.

D'altra parte non è più così facile ottenere un **mortgage** dalle banche inglesi. In passato si poteva ottenere un mutuo che copriva anche il 100% del valore della casa; ora è raro che una banca conceda più del 60% del totale. La maggior parte dei mutui hanno una durata che va dai 25 ai 35 anni.

CERCARE UN ALLOGGIO

Looking for accommodation

Puoi trovare una sistemazione nel Regno Unito principalmente attraverso:

1 ESTATE AGENTS

Il modo più semplice per trovare una sistemazione nel Regno Unito è andare da un agente immobiliare, sia che tu voglia affittare o comprare. Infatti nelle agenzie puoi trovare le migliori sistemazioni anche per l'affitto, dato che in questa maniera i **landlords** possono evitare di occuparsi della gestione delle loro proprietà. È l'agente immobiliare a occuparsi di tutti gli aspetti finanziari e legali della questione. Comunque gli agenti aggiungono una tariffa al proprietario... che a sua volta la aggiunge alla rata... quindi è probabile che una casa in affitto tramite agenzia possa risultare più costosa della media. Gli affitti a Londra sono estremamente cari ma anche di ottima qualità.

Puoi ottenere una lista di agenzie immobiliari da:

The National Association of Estate Agents
Acton House
21 Jury Street
Warwick
CV34 4EH
Tel. +44 (0) 1926 496800
Email: info@naea.co.uk
Website: www.naea.co.uk

2 INTERNET

Ogni agenzia immobiliare ha il proprio sito internet ma ci sono anche altri portali sui quali puoi trovare alternative per esigenze specifiche. Uno dei siti più popolari è **www.rightmove.co.uk**. Comunque, se cerchi sistemazioni esclusive puoi cercare qui: **www.primelocation.co.uk**; oppure se preferisci una soluzione caratteristica della vecchia Inghilterra prova **www.periodproperty.co.uk**. Infine, se pensi di poter scovare un affare da ristrutturare puoi partecipare a un'asta attraverso il sito **www.propertyauctions.com**.

Inoltre internet ti permette di scoprire qualcosa di molto importante: com'è il vicinato? Mica è bello scoprire che sei andato a cacciarti in una zona pericolosa piena di criminali a piede libero, no? Quindi se vai su **www.police.uk** puoi inserire qualunque indirizzo del Regno Unito presente nel loro database e vedere le statistiche dei crimini in quella zona. Ovviamente sarebbe meglio se potessi fare un giro di persona; così potresti anche vedere se di fianco a casa ci sarà una discoteca, un'edicola o una fabbrica.

3 NEWSPAPERS

I giornali offrono annunci sia per gli affitti che per le vendite. Certamente è meglio affidarsi alle edizioni locali come il londinese **Evening Standard** che offre anche un supplemento settimanale specifico.
Puoi trovare le offerte migliori attraverso i giornali, però devi sbrigarti quando vedi un annuncio che ti interessa oppure rischi di perderlo. I padroni di casa preferiscono incontrare di persona i potenziali inquilini, quindi fissa un appuntamento e corri a vedere la casa. Se alla fine decidi che la cosa ti interessa, mi raccomando, leggi bene il contratto!

CONTRATTI D'AFFITTO
Rental contracts

I contratti di affito proteggono sia i *landlords*, sia i **tenants / lodgers / renters**, ma assicurati di capire bene i termini di tale contratto! Il contratto dovrebbe stabilire l'affitto per 12 mesi e il deposito della caparra (generalmente equivale a una delle mensilità) che devi pagare per l'appartamento o per la casa. Il deposito cauzionale servirà per coprire le spese di eventuali danni o per sopperire a un eventuale mancato pagamento.

Il contratto stabilisce anche chi deve pagare le bollette, tipo elettricità, gas e acqua. Il proprietario deve avere una *HMO license*: è obbligatoria. Indica quante persone possono soggiornare in quella casa.

Chiedi al padrone di casa di fare un **inventory of the contents** prima che tu vada a starci e prendi anche nota di qualunque danno già esistente.

Forfeiture è quando il proprietario ha il diritto di **evict** gli inquilini se questi infrangono le regole. Tutte queste regole sono riportate nel contratto che firmi.

ALLOGGI ECONOMICI
Cheap accommodation

Le sistemazioni più economiche possibili sono quelle in *bedsitters* e *hostels*, spesso gestite da associazioni benefiche.

Bedsitters sono stanze indipendenti in case condivise. Consistono in una camera e una cucina e bagno condivisi con altri inquilini. Questo tipo di sistemazione è diffuso tra gli studenti e molto comune in città universitarie.

Gli *hostels* si trovano nella maggior parte delle città e offrono stanze da condividere con altri, con uso di cucina o zone tipo mensa. Puoi trovare e prenotare un posto in ostello su **www.hostelworld.com**.

Può essere importante capire le abbreviazioni che appaiono negli annunci immobiliari, così eviti di perdere tempo a guardare case che magari non vanno bene per te.
Nel **TOOLKIT** alla fine del libro trovi un elenco delle principali abbreviazioni usate negli annunci.

CLASSIFIED ADS – Annunci economici. Si chiamano anche *classified adverts*

RENT – Affitto

DEPOSIT – Caparra

UP FRONT – In anticipo, anticipatamente

ESTATE – Attenzione, perfido *False Friend*! Mentre "estate" si dice *summer*, questa parola significa proprietà immobiliare o di terreni

LIVE – Attenzione alla differenza. Il verbo *to live* (che si pronuncia 'liv') significa "vivere". Invece l'aggettivo *live* (che però si pronuncia 'laiv'... sì, lo so che siamo strani noi inglesi!) significa "dal vivo"

BRIGHTEN UP – Ravvivare, abbellire

GOLDMINE – Miniera d'oro

MORTGAGE – Mutuo

ESTATE AGENTS – Agente immobiliare. In *American English* si chiama *Real estate broker* oppure *Realtor*

LANDLORD / LANDLADY – Il proprietario o la proprietaria, il padrone di casa

TENANTS / LODGERS / RENTERS – Inquilini, affittuari

INVENTORY OF THE CONTENTS – Inventario, l'elenco di ciò che c'è in casa

FORFEITURE – Decadenza (di un contratto)

EVICT – Sfrattare

Negotiating

CHAPTER EIGHTEEN

Negotiating

Andreo entrò nella sala ristorante dell'albergo per far colazione; era davvero esaltatissimo! Marco e Jimmy erano seduti a un tavolo, vicino alla reception.
"I've got great idea! Listen!" disse Andreo. "A Rock'n'Roll weekend! We decorate bar and restaurant like.. like the 1950's, you know! Like Happy Days!"
Versione corretta: "I've got a great idea! Listen! A Rock n Roll Weekend! We'll decorate the bar and restaurant like... like the 1950s, you know! Like Happy Days!" – Ho una grande idea! Ascoltate! Un week-end Rock'n'Roll! Decoriamo il bar e il ristorante come... come negli anni '50, capite? Come Happy Days!

———— MACCHERONI ALERT! ————

Se vuoi dire che hai avuto una grande idea (singolare) devi mettere l'articolo indeterminativo. Manca ancora il Future Simple.

Marco e Jimmy non ebbero alcuna reazione. Andreo si sedette con loro.

"Listen... it is great!!! We take a Elvis Presley statue! And we play the music in the bar. People pays more, they have special 1950's room. I found this pillow... you put your head and Elvis sing Love me tender! Wow! And we include tickets for concerts. Theme Hotel business, you know? This is big!"
Versione corretta: "Listen... it is great!! We'll get an Elvis Presley statue! And we'll play music in the bar. If people pay more, they'll get a special 1950s room. I found this pillow... you put your head on it and Elvis sings Love me tender! Wow! And we'll include tickets for concerts. The Theme Hotel business, you know? This is big!" – Ascoltate... questa è una bella idea!!! Prendiamo una statua di Elvis Presley! E suoniamo la musica al bar. La gente paga di più, avranno camere speciali in stile anni '50. Ho trovato questo cuscino... appoggi la testa ed Elvis canta Love me tender! Wow! E includiamo anche biglietti per i concerti. Un albergo a tema, capite? Questa è mega!

———— MACCHERONI ALERT! ————

Get-take... non confonderli (come ha fatto Andreo). *Get* prendi una cosa che non è qui adesso e la porti qui; *take* prendi una cosa da qui e la porti via. *Easy!*

"You just want to **dress up**, Andreo." Marco si rivolse a Jimmy, "He's always loved Rock'n'Roll, the clothes, everything."

Tu vuoi solo travestirti, Andreo. Ha sempre amato il rock, i vestiti... tutto.

"But, we not stop there. We do 1960's after... Mods, you know. People love that... Also this is newspaper story. Lots of free spots!"

Versione corretta: "But, we aren't going to stop there. We're going to do the 1960s afterwards... Mods, you know? People will love that... This is also a great newspaper story, so lots of free advertising!" – Ma non ci fermiamo lì. Poi facciamo gli anni '60... sai, i Mods. La gente ne andrà pazza... Anche questa è una storia da giornale. Un sacco di pubblicità gratis!

———— MACCHERONI ALERT! ————

Qui era il caso di usare la formula *to be going to*, cioè esprimere cosa si ha intenzione di fare. "Pubblicità" si dice sempre *advertising* ma Andreo non l'ha ancora capito...

"It's not a bad idea." annuì Jimmy. "There's one problem... you know? Who's going to pay for all the **fancy** 1950's décor?"

Non è una cattiva idea. C'è un problema... capisci? Chi pagherà per tutte le sofisticate decorazioni anni '50?

"Ms Peters! She agreed already to this ideas. Remember?"

Versione corretta: "Ms Peters! She has already agreed to these ideas. Remember?" – Ms Peters! Era già d'accordo con queste idee. Ricordi?

———— MACCHERONI ALERT! ————

Attenzione, quando c'è *already* si usa il Present Perfect, non il Past Simple.

"But she doesn't have the money to pay us. Remember?"
Ma non ha i soldi per pagarci. Ricordi?
"Ah..."

"Let's find out what it will cost." intervenne Marco. "Begin with the concert tickets... who do we contact for that?"
Scopriamo quanto costerà. Inizia coi biglietti per i concerti... chi contattiamo per quelli?
"That's easy" disse Jimmy. "My cousin Joey Bland's an impresario; he promotes concerts all over London. He'll help us out... let's give him a ring."
Facile. Mio cugino Joey Bland è un impresario; promuove concerti in tutta Londra. Ci aiuterà lui... diamogli un colpo di telefono.
Jimmy prese il telefono dalla reception, fece il numero e passò il telefono ad Andreo.
"There you go, kid. Tell him you work for me."
Vai, ragazzino. Digli che lavori per me.
"Hello, man! I'm Andreo, friend of your uncle Jimmy, right?"
Versione corretta: "Hello, Joey! This is Andreo, a friend of your cousin Jimmy."
Ciao, Joey! Sono Andreo, un amico di tuo cugino Jimmy.
"Yeah, we do special weekend at the hotel... lots of guest coming" continuò Andreo, "and we need discount tickets for Rock'n'Roll concert. Jimmy tell you are promoter. You give us big discount, you know?"
Versione corretta: "Yeah, we're going to do a special Rock'n'Roll weekend at the hotel... lots of guests will come, and we need discounted tickets for a rock concert. Jimmy told us you are a promoter. You'll give us a big discount, won't you?"
Sì, faremo un week-end speciale all'albergo... arriveranno un sacco di ospiti e abbiamo bisogno di biglietti sconto per concerti rock. Jimmy ha detto che sei un promoter. Tu ci farai un bello sconto, giusto?

 ——— MACCHERONI ALERT! ———
L'errore più grande in questo pezzo è l'uso del Present Simple al posto del Past Simple.

Marco vide che Andreo faceva un po' fatica a esprimersi allora gli prese il telefono. Rapidamente si presentò a Mr. Bland e spiegò il loro progetto. Presero un accordo per uno sconto in base all'affluenza delle persone con la promessa di sconti più alti in caso l'affare si ripetesse regolarmente.

Mentre Marco stava parlando, Ms Peters entrò nel ristorante e stette ad ascoltarlo. Sembrava le piacesse quello che vedeva. Anche Andreo vide qualcosa... un modo di sbarazzarsi del problema "Ms Peters".

"Who is this?" domandò Ms Peters. "Someone introduce us, please."
Chi è lui? Qualcuno ci presenti, per favore.
"He is my brother, Marco. He's a good guy... very clever at business, you know."
Lui è mio fratello, Marco. È un bravo ragazzo... molto acuto negli affari, sa?
"Well, so I heard just now. What do you do Marco?"
Beh, ho appena sentito. Cosa fai Marco?

"I was International marketing manager for a company here in London, but **right now** I'm..."
Ero il direttore europeo del marketing per un'azienda qui a Londra, ma proprio ora sono...

"He's taking holidays!" si intromise Andreo. "He help us with our hotel project, perhaps he work for us, too?"
Versione corretta: "He's taking a holiday!" He's going to help us with our hotel project, perhaps he could work for us, too?" - Ora è in vacanza! Ci aiuterà col progetto per l'albergo, magari potrebbe anche lavorare qui?

 —— MACCHERONI ALERT! ——
Andreo ha dimenticato l'articolo ANCORA, avrebbe dovuto usare il futuro intenzionale (*to be going to*) e il modale *could*.

"Well, I don't know," said Ms Peters, "but I suppose we do need someone to **sort out** the business side. You're great at ideas, Andreo... but your brother has a head for business. We'll have to see. Come and talk to me later, Marco. That's right, isn't it? Marco?"

Be', non so, ma suppongo che ci serva qualcuno per sistemare la parte degli affari. Andreo, tu hai delle belle idee... ma tuo fratello ha la testa per gli affari. Vedremo. Vieni da me dopo che ne parliamo, Marco. Giusto, no? Marco?

Lei gli sorrise in un modo che lo preoccupò giusto un po'. Ma ce la fece a ricambiare il sorriso.

Jimmy scosse la testa. Non poteva crederci... questi Italian boys!!!

NEGOZIARE
Negotiating

Nella vita ho imparato che se non chiedi, semplicemente non ottieni quello che vuoi.

Negoziare è una parte fondamentale della nostra vita, sia che si parli di lavoro, amore o di giochi. In questo capitolo scopriamo i segreti della negoziazione nella maniera anglosassone, quindi fai attenzione!

CINQUE CONSIGLI FONDAMENTALI
Five fundamental tips

1 PREPARE BEFORE NEGOTIATING

Qui ci sono due elementi fondamentali:

Conosci al meglio il tuo prodotto, inclusi *costs* (i costi), *delivery schedules* (piani di consegna) e la tua **bottom line** sul prezzo.

Conosci al meglio anche il tuo cliente e le sue necessità, cosicché tu possa anticipare le sue richieste.

2 STICK TO YOUR OFFER

Chiedi al cliente di parlare per primo, potrebbe offrire più di quanto tu ti possa aspettare. Una volta che hai fatto un'offerta di partenza, non trattare il prezzo finché non hai spiegato la ragione della tua posizione. Ascolta attentamente i ragionamenti del tuo cliente e cerca di capire esattamente cos'è importante per lui. Potresti pentirti di una vendita fatta troppo velocemente.

3 RESPECT YOUR CLIENT

Accetta il punto di vista del tuo cliente e ripeti le cose che sono più importanti per lui prima di condividere un punto di vista diverso. Ci possono essere occasioni in cui devi far fronte a tattiche aggressive: non reagire mai alle provocazioni, rimani sempre calmo e affabile.

4 STALEMATE

Lo stallo è un punto in cui ognuna delle parti ha espresso la propria posizione ma non si è arrivati a un accordo e nessuno è pronto a fare un passo indietro. Com'è potuto succedere? I sentimenti sono diventati troppo forti? Considera l'ipotesi di cedere su una delle richieste del cliente ma poni delle condizioni specifiche. Offri uno sconto a patto che ti sia garantito un ordine di un certo volume o che venga ripetuto costantemente; questo si potrebbe mettere per iscritto nell'accordo, per esempio.

5 CLOSE THE DEAL OR WALK AWAY

La regola d'oro della negoziazione è quella di lasciar andare il cliente se non accetta la tua **bottom line**. Un affare in cui perdi dei soldi non è per niente un affare! Stabilisci qual è l'offerta migliore che puoi fare e lascia decidere al cliente. È semplice. È onesto. E, senza dubbio, ti farà guadagnare la fiducia del cliente.

IL LINGUAGGIO DEL CORPO
Body language

Il linguaggio del corpo è importantissimo durante una negoziazione, in qualunque contesto: comprenderlo dà un enorme vantaggio.

Le persone esprimono le proprie opinioni principalmente attraverso il corpo, le espressioni del viso e i gesti.

THE BASE LINE

Inizia l'incontro con un momento di sereno *Small Talk* (vedi capitolo 12) e osserva l'atteggiamento del tuo interlocutore molto attentamente. Questa è la tua *base line*: man mano che la negoziazione va avanti, stai attento ai cambiamenti che ci sono nel suo *body language*. Cambiamenti improvvisi sono segno di disagio o indecisione. Se la persona con cui stai negoziando ti offre del materiale scritto, chiedi che te ne vengano spiegati i contenuti e osserva se il suo *body language* mostra segnali di tensione o disaccordo coi contenuti del documento.

THE SIGNS

I messaggi base includono contatto visivo (*eye contact*), l'espressione del viso (*facial expression*) e la posizione delle braccia (*the position of the arms*). Il cliente è teso in avanti e sorride? Allora è interessato. Si sta toccando il collo oppure il colletto della camicia? È arrabbiato con te. Se incrocia le braccia, non ti guarda negli occhi e si gira (magari verso la porta)... sei nei guai! Se ne vuole andare.

DON'T REVEAL YOUR HAND

Sii cosciente anche del tuo *body language* nelle fasi iniziali e stai attento a non modificarlo troppo presto. Sincronizza il tuo *body language* con il tuo obiettivo fin dall'inizio dell'incontro: usa un atteggiamento adeguato per dimostrare che sei sicuro, determinato o perfino aggressivo.

INIZIO
Openings

Con queste frasi si possono iniziare le trattative:

We're considering your products for our new...
Could you give us a quote / estimate / price?
Stiamo prendendo in considerazione il vostro prodotto per il nostro nuovo...
Potrebbe darci una quotazione / stima / prezzo?

Thank you for agreeing to meet today. I'd like to get this resolved as quickly as possible.
Grazie per aver accettato di incontrarci oggi. Vorrei risolvere la faccenda il prima possibile.

Let's get the ball rolling. You have seen our samples, so tell me what sort of price are you looking for?
Apriamo il dibattito. Avete visto il nostro campionario, ora ditemi, che tipo di prezzo state cercando?

Thank you for your brochure and price list, they were very interesting! However, we need to talk about delivery dates and those prices. What can you do for us?
Grazie per il vostro catalogo e per il listino prezzi, erano molto interessanti! Comunque, dobbiamo parlare delle date di consegna e di quei prezzi. Cosa potete fare per noi?

CAPIRE
Understanding

Capire le intenzioni e le esigenze del cliente è fondamentale:

Why don't you tell me what you have in mind?
Perché non mi dice cos'ha in mente?

Could you give me a few details?
Potrebbe darmi dei dettagli?

What conditions are you looking for? What price range were you thinking of?
Che condizioni sta cercando? Che parametri di costo ha in mente?

Can you give us the specifications you need in more detail?
Potrebbe darci delle specifiche più dettagliate riguardo le vostre necessità?

FARE UN'OFFERTA
Making an offer

Ecco delle frasi di esempio per introdurre la tua offerta:

Here is our quotation... as you can see, we have included a trial offer...
Ecco la nostra quotazione... come potete vedere, abbiamo incluso un'offerta di prova...

We appreciate your interest and would like to make an offer for the contract.
Apprezziamo il vostro interesse e vorremmo fare un'offerta per il contratto.

I don't think you'll get a better offer than this...
Non penso che troverete un'offerta migliore di questa...

This is our best price. You can see...
Questo è il nostro miglior prezzo. Potete vedere...

PRENDERE TEMPO

Taking time out

Se hai bisogno di prendere un po' di tempo prima di dare una risposta:

I'd like time to think about this.
Vorrei mi fosse concesso del tempo per pensarci.

I need to take these figures back to my CEO for his approval.
Devo sottoporre queste cifre al mio direttore generale per l'approvazione.

Can I get back to you on this... say next week?
Possiamo riparlarne... diciamo settimana prossima?

RIFIUTARE UN AFFARE

Refuse a deal

Ecco come rifiutare le condizioni proposte:

You put us in a difficult position. We can't accept that price / condition...
Ci mettete in una posizione difficile. Non possiamo accettare quel prezzo / condizione...

LESSON

We have no alternative but to reject your offer.
Non abbiamo altra alternativa se non rifiutare la vostra offerta.

We understand your position but we cannot do business with you.
Capiamo la vostra posizione ma non possiamo fare affari con voi.

We will reluctantly take our business elsewhere.
A malincuore porteremo i nostri affari altrove.

SCONTO
Discount

Con queste frasi di esempio puoi vedere come offrire o chiedere uno sconto:

We can offer a 5% discount on all catalogue prices.
Possiamo offrire uno sconto del 5% su tutti i prezzi del catalogo.

If this is a repeat order, we can offer you a 10% discount.
Se questo è un ordine ripetuto, possiamo offrirvi uno sconto del 10%.

Do you offer a higher discount for large quantity orders?
Offrite uno sconto maggiore per ordini di grossi quantitativi?

As this is a bulk order, we would expect a discount of at least 15%!
Dato che questo è un ordine sostanzioso, ci aspettiamo uno sconto del 15% come minimo!

FISSARE LE CONDIZIONI

Setting conditions

Con queste frasi saprai come dettare delle condizioni:

If you accept this price, we will...
Se accettate questo prezzo, noi...

We will agree to 12% on condition that...
Accetteremo al 12% a patto che...

We can't accept that discount unless you include...
Non possiamo accettare questo sconto a meno che non includiate...

If this deal is accepted, we will place a repeat order with your company.
Se l'accordo viene accettato, faremo ordini ripetuti con la vostra azienda.

CONCLUDERE UN AFFARE

Closing a deal

Infine, la conclusione dell'affare:

OK, we'll agree to your conditions and **meet you half way** with an 8% discount. Is it a deal?
D'accordo, accettiamo le vostre condizioni e ci incontriamo a metà strada con uno sconto dell'8%. Affare fatto?

We can guarantee delivery within your schedule, so is that everything?
Possiamo garantire la consegna come da programma, quindi è tutto?

We just need your signature here, here, here and... here.
Serve solo la vostra firma qui, qui, qui e... qui.

Let's shake on it!
Affare fatto!

GLOSSARY

DRESS UP – Travestirsi

FANCY – Sofisticato, elaborato

RIGHT NOW – Proprio ora, giusto adesso

SORT OUT – Sistemare

BOTTOM LINE – Il minor prezzo cui puoi arrivare. *Bottom* significa "in basso"

STICK – Rimani, resta (attaccato)

STALEMATE – Lo stallo, il punto morto

BASE LINE – Linea di partenza

MEET YOU HALF WAY – Ci incontriamo a metà strada, veniamoci incontro

The abyss

The abyss

La serata "1950s" è stata un grande successo. Finita la festa, mentre Ms Peters contava i soldi della cassa Andreo si sedette con una giornalista.

'La mia prima pubblicità gratis!' pensò lui.

Kristen lo abbracciò e lo baciò. Appassionatamente.

"Andreo?!" era la voce di Ms Peters.

Andreo aveva deciso di smettere di mentire alle donne.

"I am sorry, Barbara, but I love Kristen."

"To be honest I just wanted to know where the bottle opener was..." disse Barbara, "but now I just want to die!" scoppiò a piangere e scappò via.

In quel momento arrivarono Marco e Susan con in mano una bottiglia di champagne. "So, what will your article be about?" Marco chiese alla giornalista.

La giornalista li guardò con aria molto seria.

"Parlerò del peggior finale di un libro mai scritto... QUESTO!"

TUTTI ammutolirono.

"Ma vi rendete conto che siamo nell'ultimo capitolo di questo libro e non si capisce niente?!... Il rapporto tra Susan e Marco? Ms Peters e Andreo che poi sta con Kristen? Non ha senso niente. E ora cosa succederà?!"

"I'm having a baby!!!" gridò Susan.

"Basta! È imbarazzante!" disse la giornalista, giustamente. "Solo perché l'autore si chiama John Peter Sloan non vuol dire che può scrivere personaggi superficiali e storie senza un senso logico e che si aspetti che noi li accettiamo!"

"Aspetta," disse Andreo "visto che tanto non importa più niente a nessuno parlo italiano."

Kristen lo baciò ancora. "Smettila! Sei ridicola!" gridò Andreo.

"Allora tutti noi personaggi siamo stati usati solo per far capire le cose del lavoro, a John non importa niente se le storie non hanno più senso. Lui ormai ha insegnato quello che doveva insegnare e noi non serviamo più."

Susan era molto preoccupata "so he just used us" non era mai stata così triste. Poi una verità terrificante le invase il cuore. "So now what? Do we just die? Do we just stop existing?!"

Marco si alzò in piedi "No, troppo surreale... me ne vado".

Ma in realtà non ha neanche avuto il tempo per uscire.

CASSETTA DEGLI ATTREZZI

Toolkit

REF. CHAPTER 1
JOB TITLES

Termini generici
EMPLOYEE – Impiegato / Assunto
EMPLOYER – Datore di lavoro
UNEMPLOYED – Disoccupato
RETIRED / PENSIONER – Pensionato
SACKED / FIRED – Licenziato

Lavori in ufficio
SECRETARY – Segretario/a
PERSONAL ASSISTANT (PA) – Segretario/a personale
PRESIDENT – Presidente
BOSS – Capo
CHIEF EXECUTIVE OFFICER (CEO) – Direttore generale
MANAGER – Direttore
DIRECTOR – Amministratore
MANAGING DIRECTOR – Amministratore delegato
ASSISTANT – Assistente
RECEPTIONIST – Receptionist
SALES MANAGER – Direttore commerciale
MARKETING MANAGER (MM) – Responsabile marketing
HUMAN RESOURCE MANAGER (HRM) – Direttore gestione risorse umane

Lavori nel campo della ristorazione
BARMAN – Barman
COOK / CHEF – Cuoco
PIZZA MAKER – Pizzaiolo

WAITER / WAITRESS – Cameriere/a
DISH WASHER – Lavapiatti

Lavori artistici
ARTIST – Artista
ACTOR / ACTRESS – Attore / Attrice
DIRECTOR – Regista
SINGER – Cantante
DANCER – Ballerino/a
PAINTER – Pittore
SCULPTOR – Scultore
SET DESIGNER – Scenografo
PHOTOGRAPHER – Fotografo
WRITER – Scrittore
GENIUS – Genio

Altri lavori
LAWYER – Avvocato
TEACHER – Insegnante
DOCTOR – Dottore
NURSE – Infermiere/a
BUILDER – Muratore
PLUMBER – Idraulico
ELECTRICIAN – Elettricista
CARPENTER – Falegname
SMITH – Fabbro
PAINTER – Imbianchino
GARDENER – Giardiniere
MECHANIC – Meccanico
BUTCHER – Macellaio
HAIDRESSER – Parrucchiera
TAILOR – Sarto/a
HOUSEWIFE – Casalinga

DRIVER – Autista
ENGINEER – Ingegnere
ARCHITECT – Architetto
SURVEYOR – Geometra
ACCOUNTANT – Ragioniere
BOOK KEEPER – Contabile

REF. CHAPTER 9

SMS AND EMAIL ABBREVIATIONS

ASAP – As Soon As Possible
BBS – Be Back Soon
BFN / B4N – Bye For Now
BRB – Be Right Back
BTW – By The Way
CU – See You
FC – Fingers Crossed
GR8 – Great
G9 – Genius
IC – I See
IMHO – In My Honest / Humble Opinion
IMO – In My Opinion
IOW – In Other Words
LOL – Laughing Out Loud
L8R – Later
M8 – Mate
ROFL – Rolling On The Floor Laughing
THX – Thank You / Thanks
U2 – You Too
U4E – Yours For Ever
WTF – What The F...
W8 – Wait...

REF. CHAPTER 10

THE INTERNATIONAL PHONETIC ALPHABET

A	Alpha
B	Bravo
C	Charlie
D	Delta
E	Echo
F	Foxtrot
G	Golf
H	Hotel
I	India
J	Juliet
K	Kilo
L	Lima
M	Mike
N	November
O	Oscar
P	Papa
Q	Quebec
R	Romeo
S	Sierra
T	Tango
U	Uniform
V	Victor
W	Whisky
X	X-ray
Y	Yankee
Z	Zulu

MONEY

CURRENCIES – Monete in circolazione
CENTS – Centesimi
EUROS – Euro €
CENTS – Centesimi
DOLLARS – Dollari $
PENCE – Centesimi
POUNDS – Sterline £
BANKNOTES / NOTES – Banconote
CASH – Contanti
CHANGE – Resto
COINS – Monete

Banking

BANK ACCOUNT – Conto bancario
BANK MANAGER – Direttore di banca
BANK STATEMENT – Rendiconto bancario (Estratto conto)
CASH POINT / ATM (Automated Teller Machine) – Sportello bancomat
CHEQUE (UK) / **CHECK** (US) – Assegno
CREDIT CARD – Carta di credito
DEBIT CARD – Bancomat
DEPOSIT – Versamento
DIRECT DEBIT – Addebito diretto (domiciliazione)
LOAN – Prestito
MONEY TRANSFER – Bonifico
OVERDRAFT – Scoperto
PIN NUMBER – Numero Pin
SAVINGS – Risparmi
SWIFT CODE – Codice bancario per bonifici (corrispettivo dell'IBAN)
TELLER / BANK CLERK – Impiegato allo sportello
WITHDRAW / TO TAKE OUT (MONEY) – Prelevare

Various
BANKRUPT – Bancarotta
BUDGET – Budget, bilancio
INCOME – Entrate
INTEREST / INTEREST RATE – Interesse / tasso di interesse
INVESTMENT / TO INVEST – Investimento / Investire
MORTGAGE – Mutuo
SHARES – Azioni, quote
TURNOVER – Volume d'affari, fatturato

REF. CHAPTER 15
EVERYDAY EXHIBITION TERMS

PAVILLON / EXHIBIT HALL – Padiglione espositivo
STAND – Stand
HOSTESS / STEWARD – Assistente allo stand
AISLE / GANGWAY – Corsia
EXHIBITOR – Espositore
VISITOR – Visitatore
FIRE EXIT – Uscita di sicurezza
BANNER – Striscione
SIGN / HEADER – Insegna (con il nome dell'espositore)
GRAPHIC – Grafica
BUSINESS CARD – Biglietto da visita
BROCHURE – Dépliant
BOOTH – Area per l'allestimento dello stand
DECORATOR – Allestitore
SET UP / INSTALLATION – Montaggio
DISMANTLE/TAKE-DOWN – Smontaggio
EASEL – Stand per l'esposizione di oggetti
EVENT MARKETING – Evento promozionale "faccia a faccia" tra cliente ed espositore

EXPOSITION RULES – Regolamento della manifestazione fieristica
WASTE – Materiale di scarto dello stand (rifiuti)
VISQUEEN – Pellicola protettiva che ricopre la moquette in fase di allestimento
FLOOR PLAN – Piantina del padiglione
FORKLIFT – Muletto
SHIPPING – Consegna della merce
SPOTLIGHT – Faretto
HIRE – Noleggio
INVENTORY – Inventario
RISER – Montacarichi
PALLET / SKID – Pallet
PEG BOARD – Parete bucherellata per l'inserimento di strutture modulari
JUNCTION BOX – Scatola di derivazione elettrica
AUDIO/VISUAL SUPPORT – Supporto audio / visivo
LIGHTING – Illuminazione
VOLTAGE – Voltaggio
DESK – Banco / bancone

REF. CHAPTER 17

CLASSIFIED ADVERT ABBREVIATIONS

AVAIL: AVAILABLE – Disponibile
BR: TRAIN STATION (British Rail) – Stazione ferroviaria
CH: CENTRAL HEATING – Riscaldamento centralizzato
D/G: DOUBLE GLAZED – Doppi vetri
DEP: DEPOSIT REQUIRED – Richiesta caparra
EXCL: EXCLUDING HEATING / HOT WATER BILLS – Spese escluse (come riscaldamento o acqua calda)
F: FEMALE – Femminile
F/F: FULLY FURNISHED – Completamente arredato
M: MALE – Maschile
N/S: NON-SMOKER – Non fumatori

O/L: OVERLOOKS – Con vista

OSP: OFF STREET PARKING – Parcheggio non in strada

PW: PER WEEK – Per settimana

PCM: PER CALENDAR MONTH – Per mese solare

PKG: PARKING – Parcheggio

PP: PER PERSON – A persona

SHW: SHOWER – Doccia

TUBE: UNDERGROUND TRAIN (London) – Metropolitana

VGC: VERY GOOD CONDITION – Ottime condizioni

W/D: WASHER-DRYER – Lavasciuga

WM: WASHING MACHINE – Lavatrice

The final
exam

The final exam

Ora che sei arrivato alla fine ti propongo otto diversi esercizi per vedere quanto hai imparato da questo libro e se sei pronto per il mondo del business English. Quando finisci ogni test segna in questa tabella il punteggio che hai ottenuto. Per ogni risposta esatta conta 1 punto (negli esercizi 6 e 7 ottieni i punti indicati se completi tutto l'esercizio, zero punti se non riesci a finirlo). Somma i punti che hai ottenuto e guarda il risultato. Nelle pagine che seguono i test trovi tre certificati; cerca il tuo in base al punteggio ottenuto. Puoi ritagliare e incorniciare il tuo Certificato di Business English e magari appenderlo vicino alla tua scrivania. Buon lavoro!

TEST	Type / Subject	POINTS
1	Listening comprehension / Story	.... / 10
2	Listening comprehension / Lesson	.... / 8
3	Match / Telephone calls	.... / 10
4	Multiple choice / Writing emails	.... / 8
5	Translation / Socialising	.... / 8
6	Wordsearch puzzle / Glossary	.... / 3
7	Business crossword / Glossary	.... / 5
8	Fill in the gaps / Conference calls	.... / 8
	TOTAL	.... **/ 60**

0-20 = Third Class / 21-40 = Second Class / 41-60 = First Class

Dopo aver ascoltato il brano su **www.librimondadori.it/english-al-lavoro-audio** ascolta le dieci affermazioni e decidi se sono vere (**true**) oppure false (**false**). Quando hai terminato controlla le soluzioni alla fine del libro e segna il tuo punteggio.

1	TRUE FALSE	O
2	TRUE FALSE	O
3	TRUE FALSE	O
4	TRUE FALSE	O
5	TRUE FALSE	O
6	TRUE FALSE	O
7	TRUE FALSE	O
8	TRUE FALSE	O
9	TRUE FALSE	O
10	TRUE FALSE	O

TOTAL .... / 10

Dopo aver ascoltato il brano su **www.librimondadori.it/english-al-lavoro-audio** ascolta le otto affermazioni e decidi se sono vere (**true**) oppure false (**false**). Quando hai concluso controlla le soluzioni alla fine del libro e segna il tuo punteggio.

1	TRUE	FALSE	O
2	TRUE	FALSE	O
3	TRUE	FALSE	O
4	TRUE	FALSE	O
5	TRUE	FALSE	O
6	TRUE	FALSE	O
7	TRUE	FALSE	O
8	TRUE	FALSE	O

TOTAL .... / 8

3

Collega le frasi della colonna di sinistra con quelle della metà di destra per completare correttamente i dialoghi. Quando hai terminato controlla le soluzioni alla fine del libro e segna il tuo punteggio.

1 Would you like her to call you back?

2 Could you spell that, please?

3 Who is speaking, please?

4 Could you put me through to Marco, please?

5 Is that 039 244 55 65?

6 Would you take a message?

7 Could you repeat your name, please?

8 Marketing. How can I help you?

9 Can I speak to Mr. Collins, please?

10 I'm afraid the line is engaged.

A Yes, of course. It's T-H-A-T!

B Hold the line... I'm putting you through now.

C Yes, certainly. Go ahead...

D No, I'm afraid you've got the wrong number.

E This is Marco Perra.

F I'd like to speak to Marco Perra, please.

G Yes, it's Joan Collins.

H Ok, I'll call back later.

I I'm afraid he's in a meeting.

J That would be great!

TOTAL .... / 10

Scegli la risposta corretta tra quelle proposte. Quando hai concluso controlla le soluzioni alla fine del libro e segna il tuo punteggio.

1 When you write an e-mail, never forget to:

A Choose the font colour according to the colour of your clothes.

B Check your e-mail carefully before you send it.

C Stick a stamp on the upper right hand corner of the screen.

2 If you don't know the name of the person who will read your e-mail:

A In the first line write "To whom it may concern".

B In the first line write "To Mr. Smith".

C In the first line write "Dear Unknown".

3 In the "signing off" of your e-mail:

A Never give personal information such as your e-mail address or phone number because of privacy regulations.

B Always include all the information necessary to the recipient, so you can be contacted again.

C If you don't know the recipient in person, write a fake e-mail address.

4 If you have to give bad news by email:

A Write the bad news concisely in the subject line and leave the body of the e-mail blank.

B Do your best to apologize with every possible detail and excuse imaginable, explain what happened many times, and as you write try to feel very very sorry (if possible, cry while typing).

C Use the "sandwich" method: positive opening, bad news, positive conclusion.

5 You're closing a formal business e-mail; how do you sign off?

A Better Regards.

B Worst Regards.

C Best Regards.

6 If you have many things to say in an e-mail:

A Attach a ZIP folder containing a lot of text documents in which you expand eternally upon the subject.

B Forget the e-mail, pick up the phone and call a friend instead!

C Sum up the contents in a bulleted list.

7 What should you write in the subject line?

A Important details, such as dates, places or reference numbers.

B Repeat the recipient's e-mail address.

C Nothing.

8 Important things to keep in mind when writing a good e-mail in English are:

A What you're going to have for dinner and paying the gas bill.

B Clarity, brevity, directness, openness.

C Boredom, stupidity, lack of accuracy.

TOTAL .... / 8

5

Traduci queste frasi dall'italiano all'inglese. Quando hai terminato controlla le soluzioni alla fine del libro e segna il tuo punteggio.

1 Scusate, vi spiace se mi siedo qui?

....

2 Questa è la mia prima volta a Manchester.

....

3 Una tazza di caffè? No, grazie.

....

4 Cosa ti piace fare nel tempo libero?

....

5 Lei è il signor Perra?

....

6 È stato bello incontrarti. Restiamo in contatto!

....

7 Fammi sapere quando vieni a Roma.

....

8 Buona giornata!

....

TOTAL .... / 8

6

Elimina dallo schema le parole elencate e scopri le parole nascoste, cercandole in tutte le direzioni. (10, 3)

```
D  S  U  B  J  E  C  T  D  I  A
C  Y  D  E  T  A  V  I  T  O  M
G  R  N  T  H  Y  L  P  P  A  B
O  E  U  A  L  C  A  S  N  A  S
L  S  O  I  M  S  T  P  R  K  E
D  E  R  D  O  I  O  I  I  X  D
M  R  A  E  V  W  C  L  P  E  R
I  V  N  M  E  I  L  E  L  R  O
N  A  R  R  R  S  C  A  A  F  L
E  T  U  E  V  T  M  N  I  E  D
S  I  T  T  I  N  G  D  O  W  N
D  O  A  N  E  E  R  G  E  D  A
D  N  G  I  W  S  T  I  P  S  L
```

AID – APPLY – BAR – DEGREE – DYNAMIC – EXPECTING – GOLDMINE
INTERMEDIATE – LANDLORD – MALE – MANPOWER – MOTIVATED
OVERVIEW – PITCH – RANGE – RESERVATION – SITTING DOWN
SKILLS – SUBJECT – TIPS – TURNAROUND

Solution ....

TOTAL .... / 3

Completa questo *crossword* inserendo nelle caselle le parole corrispondenti alle traduzioni inglesi delle definizioni. Quando hai concluso controlla le soluzioni alla fine del libro e calcola il punteggio complessivo.

ACROSS

3 Mutuo

6 Accordo

7 Assunto, ingaggiato

8 Moderatore

11 Condizione, clausola

12 Prenotazione (UK)

13 Partecipare (senza un coinvolgimento attivo)

14 Proprietà immobiliare o di terreni

DOWN

1 Ordine del giorno

2 Stallo, punto morto

4 Datore di lavoro

5 Patente di guida (2 words)

8 Libretto degli assegni (USA)

9 Potersi permettere

10 Appunti, note

12 Un ordine di un grosso quantitativo di merce

TOTAL .... / 5

8

Completa queste frasi scrivendo le parole mancanti. Scegli tra quelle proposte qui sotto (non tutte ti serviranno). Quando hai terminato controlla le soluzioni e assegna un punto a ogni frase giusta.

HEAR – MINIMUM – AGENDA – OFF TOPIC – DOCUMENTATION
NOBODY – OUTSIDE – ANYTHING – MAXIMUM – ANYONE
QUESTIONS – DIARY – EVERYONE – LISTEN TO – 3

1 You will find the graphics on page ....

2 Does anyone have .... more to say on...?

3 Let's not go .... or we'll be here all day.

4 Keep participant numbers to a ....

5 I would like to ask you all to keep your ....relevant and concise.

6 I must insist that we adhere to the call ....

7 OK, ...is online. Thank you for your punctuality.

8 Can you all ....me clearly?

TOTAL .... / 8

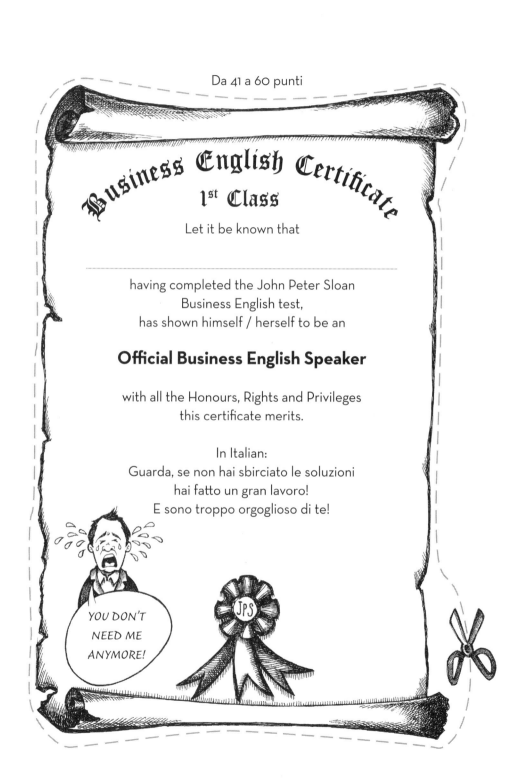

Business English Certificate
1ˢᵗ Class

Let it be known that

---

having completed the John Peter Sloan
Business English test,
has shown himself / herself to be an

Official Business English Speaker

with all the Honours, Rights and Privileges
this certificate merits.

In Italian:
Guarda, se non hai sbirciato le soluzioni
hai fatto un gran lavoro!
E sono troppo orgoglioso di te!

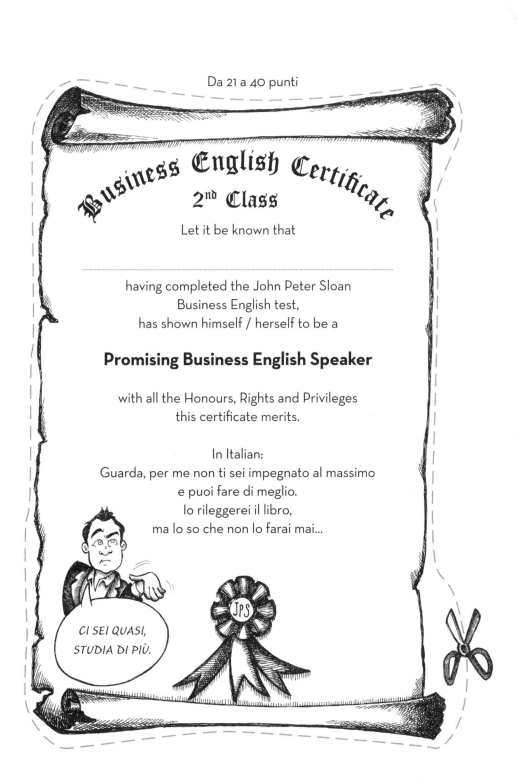

Business English Certificate
3rd Class

Let it be known that

having completed the John Peter Sloan
Business English test,
has shown himself / herself to be an

Non-Business English Speaker

with all the Honours, Rights and Privileges
this certificate merits.

In Italian:
La prossima volta spegni la televisione,
spegni il cellulare, leggi il libro a letto,
nelle pause e anche sul water, anzi
SOPRATTUTTO sul water!

*PROVA
LO SPAGNOLO
CHE È MEGLIO!*

EXERCISE PAGE 22

1 Hello, this is James Martin, Marketing Manager.

2 Hello, this is Jane Smyth, CEO at Cosmo Cars Inc.

3 Good morning, I'm Daniel O'Brien, a photographer from Ireland.

4 Hello, I'm Alice Cook, a journalist at the "New York Times".

5 Good morning, I'm Denise Chapman, Marketing Manager at General Insurance Services.

EXERCISE PAGE 63

1 A Because this company is the leader in its sector and I want to work with the best.

2 B It was a nice experience. I was employed on a temporary basis, so when the project was complete I left the company. I'm still in contact with my ex colleagues and boss because the team was very strong. Now I would like to widen my experience.

3 C I work well in a team and have good interpersonal skills; my weakness is that I sometimes take on too much when I should ask others for help.

4 A I'd like to widen my experience in this field and face new challenges.

5 C Personal success is important, but I'm mostly interested in the company's success because it's nice to work in a productive and successful environment.

6 C Travelling on business trips is an option I'm willing to evaluate. In the past I've always been ready to travel when asked.

7 B I'm ready and available to start immediately.

EXERCISE PAGE 86

1 C Study the company handbook and regulations carefully.

2 A Greet them with a smile and a firm handshake.

3 C "I'm married with a baby girl... and what about you? Do you have a family?"

4 A Kindly ask a colleague for directions and try to remember what he/she tells you. If you have a bad memory, just take a note.

5 C Accept your colleagues' invitations to lunch or to the pub after work with a smile.

6 C Ask them politely to repeat the phrase.

7 B Use your mobile only for business calls and only if necessary.

EXERCISE PAGE 99
1 We hope you enjoy your stay!
2 Yes, there is a restaurant and a buffet in the bar area.
3 Do you have any luggage, sir?
4 Could I have a wake up call at 7 o'clock, please?

EXERCISE PAGE 140
1 JOB REQUEST – Suggested solution
Subject: Re: Application for chef vacancy
Dear Arnoldo Olivieri
Thank you for your application to the post of head chef at Sloane Square Hotel. We find your career and experience very interesting and would like to meet you to discuss your application.
Please ring us at the number below so we can arrange a meeting as soon as possible.
Best regards
Andreo Perra
Sloane Square Hotel
Website: www.sloanesquarehotel.co.uk
E-mail: bookings@sloanesquarehotel.co.uk
Telephone: +44 (0) 1 349 24981

2 BOOKING – Suggested solution
Subject: Re: Reservation request – Mr. Mills – Jan 10-14
Dear Mr. Mills,
I can confirm that the price of a double room is £80 per night, including breakfast. On the dates you requested, January 10th to 14th, we have several double rooms available. You can choose either a twin or double bed room.
The hotel offers traditional English cuisine in its restaurant from 17.30 to 21.00 every night of the week. There is also a bar where buffets are served at midday. You can book your room by e-mail, telephone or online. We look forward to hearing from you in the near future.
Best regards,

Andreo Perra
Sloane Square Hotel
Website: www.sloanesquarehotel.co.uk
E-mail: bookings@sloanesquarehotel.co.uk
Telephone: +44 (0) 1 349 24981

EXERCISE PAGE 160
PHONE CALL 1

Secretary:	Hello, Marketing. How can I help you?
Caller:	Could I speak to Robert Jones please?
Secretary:	Certainly. Who shall I say is calling?
Caller:	This is Andrew Jones.
Secretary:	Just a second, Mr. Jones.
	[mentre parla con Robert] Hello, Robert, I've got your brother on the phone for you... OK, I'll put him through.
	[mentre parla con Mr. Jones] I'm putting you through, Mr. Jones...

Segretaria	*Pronto, marketing. Come posso aiutarla?*
Chi chiama	*Potrei parlare con Robert Jones, per favore?*
Segretaria	*Certamente. Chi devo dire?*
Chi chiama	*Mi chiamo Andrew Jones.*
Segretaria	*Solo un secondo, Mr. Jones.*
	Pronto, Robert, c'è tuo fratello al telefono per te... OK, te lo passo.
	Sto passando la chiamata, Mr. Jones...

PHONE CALL 2

Secretary:	Hello, Marketing, can I help you?
Caller:	Hello. I'd like to speak to Richard Birds, please.
Secretary:	Yes, Richard Birds does work here at Rispa International but you need a different extension... his direct number is 324 55556-544.
Caller:	Didn't I dial that?

Secretary: No, this is 55556-555.
Caller: Oh, I'm so sorry.

Segretaria   *Pronto, marketing, posso aiutarla?*
Chi chiama   *Pronto, vorrei parlare con Richard Birds, per favore.*
Segretaria   *Sì, Richard Birds lavora qui alla Rispa International ma dovrebbe digitare un altro numero di interno... il suo numero diretto è 324 55556-544.*
Chi chiama   *Non è il numero che ho fatto io?*
Segretaria   *No, questo è il 55556-555.*
Chi chiama   *Oh, mi spiace molto.*

EXERCISE PAGE 194

1 Mary, this is Simon.
G Pleased to meet you, Simon!

2 Are you enjoying the conference?
E Yes, it's been very interesting.

3 What's the weather like in your country?
J I think it is raining today.

4 Could you pass me the salt, please?
A Here you are.

5 What business are you in?
B I'm in pharmaceuticals.

6 Is this your first time in England?
C No. I first came here three years ago.

7 You are Joan Simmons, aren't you?
D That's right. I am.

8 Would you like another cup of tea?
I Yes, please.

9 Have a good trip!
F Thank you. See you soon.

10 Can I give you my business card?
H Sure. Here is mine.

EXERCISE PAGE 246
1 False
2 True
3 False
4 True
5 False
6 True
7 False
8 True
9 False
10 True

THE FINAL EXAM

TEST 1

1 False
2 True
3 False
4 False
5 True
6 False
7 False
8 True
9 False
10 False

TEST 2

1 False
2 True
3 False
4 True
5 False
6 False
7 True
8 False

TEST 3

1 Would you like her to call you back?
J That would be great!

2 Could you spell that, please?
A Yes, of course. It's T-H-A-T!

3 Who is speaking, please?
E This is Marco Perra.

4 Could you put me through to Marco, please?
B Hold the line... I'm putting you through now.

5 Is that 039 244 55 65?
D No, I'm afraid you've got the wrong number.

6 Would you take a message?
C Yes, certainly. Go ahead...

7 Could you repeat your name, please?
G Yes, it's Joan Collins.

8 Marketing. How can I help you?
F I'd like to speak to Marco Perra, please.

9 Can I speak to Mr. Collins, please?
I I'm afraid he's in a meeting.

10 I'm afraid the line is engaged.
H Ok, I'll call back later.

TEST 4

1 B Check your e-mail carefully before you send it.
2 A In the first line write: "To whom it may concern".
3 B Always include all the information necessary to the recipient, so you can be contacted again.
4 C Use the "sandwich" method: positive opening, bad news, positive conclusion.
5 C Best Regards.
6 C Sum up the contents in a bulleted list.
7 A Important details, such as dates, places or reference numbers.
8 B Clarity, brevity, directness, openness.

TEST 5

1 Excuse me, do you mind if I sit here?
2 This is my first time in Manchester.
3 A cup of coffee? No, thank you.
4 What do you like doing in your free time?
5 Are you Mr. Perra?
6 It was nice to meet you. Let's keep in touch!
7 Let me know when you're coming to Rome.
8 Have a nice day!

TEST 6

Solution: CLASSIFIED ADS

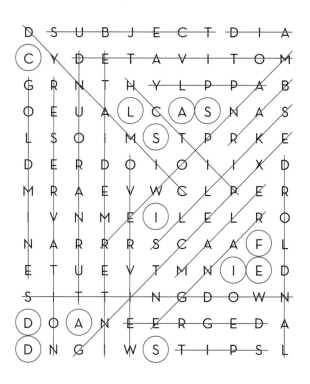

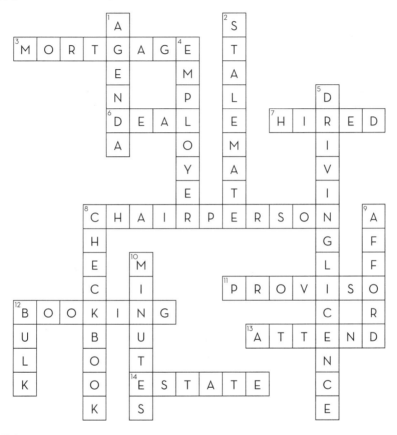

TEST 7

				¹A					²S
³M	O	R	T	G	A	G	⁴E		T

(Crossword grid)

- ³MORTGAGE ⁴EMPLOYEE (down)
- ¹AGENDA (down)
- ²STALEMATE (down)
- ⁶DEAL
- ⁷HIRED
- ⁵DRIVING (down)
- ⁸CHAIRPERSON
- ⁹AFFORCE (down)
- ¹⁰MINUTES (down)
- ¹¹PROVISO
- ¹²BOOKING
- ¹³ATTEND
- ¹⁴ESTATE
- CHECKBULK (down)

TEST 8

1 You will find the graphics on page **3**.

2 Does anyone have **anything** more to say on...?

3 Let's not go **off topic** or we'll be here all day.

4 Keep participant numbers to a **minimum**.

5 I would like to ask you all to keep your **questions** relevant and concise.

6 I must insist that we adhere to the call **agenda**.

7 OK, **everyone** is online. Thank you for your punctuality.

8 Can you all **hear** me clearly?

Chi è John Peter Sloan?!

John Peter Sloan nasce a Birmingham, in Inghilterra.

Comincia la sua carriera come cantante a soli diciassette anni. Giovanissimo, si esibisce per quindici anni in tutta l'Europa con la rock band The Max, per poi fermarsi nel paese che ha sempre amato: l'Italia. Dopo lo scioglimento della band si dedica alla carriera di attore sia in Inghilterra che in Italia, dove è conosciuto soprattutto per la sua trascinante verve comica.

Cabarettista all'Area Zelig, scrive il suo primo spettacolo in inglese per italiani: Culture Shock, uno sketch-show in cui si marcano in chiave comica le differenze culturali fra italiani e inglesi. In seguito scrive An Englishman in Italy, sulle avventure di un povero inglese nella giungla italiana.

John si è sempre dedicato all'insegnamento della lingua inglese in Italia. Le sue lezioni erano veri e propri mini-spettacoli e l'aula era sempre piena di studenti, grazie al suo personalissimo metodo: ovvero quello del divertimento.

Dice John: "Avevo notato che tanti studenti si bloccavano proprio quando dovevano parlare in Inglese. Animare la lezione aiutava le persone a sciogliersi e rilassarsi, inoltre la giusta dose di umorismo nelle esercitazioni pratiche aiutava a far studiare molto più volentieri e a ricordare meglio!".

Ed ecco che John è attualmente l'insegnante inglese più richiesto in Italia.

Nel 2010 esce Instant English (Gribaudo) che ha venduto oltre 200.000 copie. In collaborazione con "la Repubblica" e "L'Espresso" ha creato il corso con DVD Speak Now! che ha riscosso un grande successo e il tutto esaurito nelle edicole, vendendo oltre due milioni di copie.

Nel 2011 escono i due best seller English in Viaggio e Instant English 2 (Gribaudo). Nel 2012 esce il divertente Lost in Italy (Mondadori).

Gira l'Italia con il suo spettacolo teatrale I'm not a penguin e partecipa a numerose trasmissioni televisive.

Per notizie su John e per materiale extra, vai su:

www.johnpetersloan.com

Questo volume è stato stampato
presso ELCOGRAF S.p.A.
Stabilimento - Cles (TN)

Stampato in Italia - Printed in Italy